Siembra
y Cosecha

Dr. Sergio Cabello

Copyright © 2015 por Dr. Sergio Cabello.

Número de Control de la Biblioteca del Congreso de EE. UU.: 2015909858

ISBN:	Tapa Dura	978-1-5065-0600-5
	Tapa Blanda	978-1-5065-0599-2
	Libro Electrónico	978-1-5065-0598-5

Información de la imprenta disponible en la última página.

Fecha de revisión: 18/06/2015

Para realizar pedidos de este libro, contacte con:
Palibrio
1663 Liberty Drive, Suite 200
Bloomington, IN 47403
Gratis desde EE. UU. al 877.407.5847
Gratis desde México al 01.800.288.2243
Gratis desde España al 900.866.949
Desde otro país al +1.812.671.9757
Fax: 01.812.355.1576
ventas@palibrio.com
717281

AGRADECIMIENTOS.

En primer lugar, agradezco a Dios que me haya
ayudado y permitido escribir este libro acerca de la Siembra y la
Cosecha. Ya que de su palabra tomé la idea del tema
a desarrollar en este libro. A Él sea la gloria, la honra
y el honor por los siglos de los siglos.
En segundo lugar agradezco a mi esposa Marilis,
quien con sus consejos e ideas, me ha ayudado a el desarrollo de este
libro. En tercer lugar y con el mismo orden de importancia,
agradezco a la profesora Miriam Cabello, quién
me ayudó mucho en la corrección y sintaxis en todos los capítulos del
tema desarrollado y a la señora Ada Silvera, quién
aportó sus valiosos conocimientos en el arte gráfico,
para darle forma y llevar a feliz término este ejemplar,
que ahora usted tiene en sus manos.
Y por último agradezco a los lectores de mi anterior libro,
La Importancia De Nuestros Pensamientos, quienes
con sus buenos comentarios, me animaron
a que escribiera un segundo libro.
A todos gracias por sus aportes y solo me resta
pedirle a Dios que los bendiga en unión de sus seres queridos.
Paz, salud y bendiciones para todos.

DEDICATORIA.

Al escribir este libro, lo hice con la finalidad de explicar que las cosas que llegan a nuestras vidas no suceden porque debe ser así. Siempre hay un porqué de lo que nos acontece, que hay una explicación o motivo, que ha causado que algo llegue a nosotros. Las cosas o situaciones nos llegan por causalidad y no por casualidad.
El principio bíblico de la Siembra y la Cosecha da la respuesta exacta de el porqué nos suceden eventos a lo largo de la vida. Por eso este libro, con la ayuda de Dios, va dedicado a todas las personas que buscan saber la causa o motivo, de lo que actualmente están viviendo. Además dedico también este libro a las personas que anhelan un cambio en su vida y que no saben como iniciarlo o por donde comenzar. En fin, este libro va dedicado a toda persona que no ha perdido la esperanza de salir adelante, las que día a día buscan superarse, corrigiendo los errores cometidos y aprendiendo de los mismos. A los que no se entregan ni desaniman fácilmente. A los que tienen el valor de enmendar las cosas, comenzando por el cambio pequeño pero sustancial de cambiar el tipo de semilla que han estado sembrando, para poder así, cambiar el tipo de cosecha a recibir.

CONTENIDO.

INTRODUCCIÓN.

Este libro trata sobre el tema de dar. No pretendo ser original en el desarrollo del mismo, ya que con anterioridad se han escrito libros con relación a este tema. Lo que si pretendo es divulgar las bendiciones que Dios ha depositado en el dar.

El diccionario define la palabra DAR como: conferir, entregar y como sinónimo las palabras: soltar, aflojar, conceder.

Todas las palabras y sinónimos anteriores dan la idea de desprenderse de algo que es nuestro y conlleva la idea de hacerlo de forma espontánea y sin ningún tipo de presión.

Dios ha dispuesto el dar como una forma de reconocer que nada nos ata a este mundo y que estamos dispuestos a desprendernos de las cosas materiales si van en beneficio de la obra de Dios y de terceras personas. La Biblia dice: Dad y se os dará... y: Todo lo que el hombre sembrare eso también cosechará.

La Biblia también enseña que Dios es el dueño del oro y de la plata, y que a Él no le hace falta nada. Entonces surge la pregunta: Si no necesita nada y es el dueño de todo el oro y la plata ¿por qué nos pide a nosotros? Sencillamente nos pide para que nos demos cuenta de cómo está nuestro corazón y aprendamos a depender de Él y no de nuestras posesiones, sean muchas o pocas.

La voluntad del Señor es que todos seamos prósperos espiritual y materialmente y, la única forma que Él ha dispuesto para ello es mediante la ley de la siembra y la cosecha.

En el libro de Génesis capítulo ocho verso veintidós dice que "mientras exista la tierra hará frió y calor, habrá noche y día, siembra y cosecha". Así que si Dios ha dispuesto este medio para prosperar, lo mejor será que usted y yo pongamos atención a esto para saber más sobre este tema y corregir cualquier falla, falta o descuido que podamos estar cometiendo y que esté retardando los frutos materiales de la bendición que Dios ha prometido por medio del dar. A continuación desarrollaré lo que la palabra del Señor enseña sobre el dar, cómo dar, con qué actitud dar, qué es siembra y qué hacer mientras llega la cosecha.

Capítulo I

PRINCIPIOS DE LA SIEMBRA Y LA COSECHA.

La Biblia en el libro de Génesis 8:22 dice: "mientras la tierra permanezca, no cesarán la sementera y la siega, el frío y el calor, el verano y el invierno, el día y la noche. En la nueva versión este versículo dice así: "mientras el mundo exista, habrá siembra y cosecha, hará calor y frío, habrá invierno y verano y días con sus noches".

Es muy clara esta parte de la escritura donde se dice que mientras haya mundo, sucederán varias cosas. Una de ellas es que hará calor y frío, y eso lo vemos y sentimos a diario; sobre todo dependiendo de la zona donde estemos sentiremos más frío o más calor. Lo otro que también vemos que se cumple es que mientras haya tierra habrán días y noches. Eso no lo podemos discutir. Ya que todos los días de nuestra vida lo experimentamos. Lo otro que también dice y vemos es que habrá verano e invierno. Todos los años vemos y oímos hablar de verano y de invierno, es decir, todo lo que se dice en el versículo veintidós del libro de Génesis del capítulo ocho hasta hoy se ha cumplido y se seguirá cumpliendo porque es la palabra de Dios que así lo dispuso y así será. Y así mismo como se cumple todo lo anterior también se cumple el principio de la siembra y la cosecha. Ahora quizás usted esté pensando solamente en la siembra y la cosecha con relación a la agricultura y dice en su corazón: "eso es verdad, pues si siembro papas en la tierra lo lógico es que coseche papas". ¡Y eso es cierto! Ahora resulta que este principio Dios lo extendió a toda nuestra existencia y no sólo a la agricultura. Veamos lo que dice el Señor en el libro de Gálatas 6:7 "No os engañéis, Dios no puede ser burlado: pues todo lo que el hombre sembrare, eso también segará". Si usted estudia con detenimiento el pasaje se dará cuenta que por ningún lado viene hablando de agricultura sino de las acciones o conductas de las personas, y dice muy claro que todo lo que el hombre sembrare eso también segará. Ese todo es todo, no da lugar para dejar nada por fuera. La vida humana está regida por este principio, que bien usado dará a quien lo emplee resultados fantásticos y mal usado traerá problemas a sus vidas. En Lucas 6:31 se habla de la siembra y la cosecha con otras palabras pues dice: "y como queréis que hagan los hombres con vosotros, así también haced vosotros con ellos". ¿Se da cuenta? La actitud que usted tenga para con las personas es la misma actitud que usted va a recibir de ellas. En otras palabras: siembra amor, cariño, comprensión y eso es lo que va a recibir, pero si siembra rencor, maltrato, desplantes, etc, pues no puede recibir sino simplemente eso, ya que Proverbios 22:8 dice "el que sembrare iniquidad, iniquidad segará".

Veamos el caso de un Rey llamado Adonisédec, el cual está relatado en el capítulo uno verso seis en adelante del libro de Jueces: "Y aunque Adonisédec huyó, ellos lo persiguieron y lo atraparon, y le cortaron los pulgares de las manos y de los dedos gordos de los pies. Entonces él dijo: "Antes yo les corté a setenta reyes los pulgares de las manos y de los dedos gordos de los pies, y los tuve recogiendo sobras debajo de mi mesa. Pero ahora Dios me ha hecho a mí lo mismo que yo les hice a ellos". Aquí este hombre dice que fue Dios que le hizo esto, pero sabemos que lo que ocurrió fue que se activó en él el principio de la siembra y la cosecha. Él le cortó los dedos pulgares y los dedos gordos de los pies a setenta reyes y luego se los cortaron a él.

Recuerde que Dios dice, "que todo lo que el hombre sembrare, (bueno o malo) eso es lo que va a cosechar".

Hay una historia que describe una gran verdad en relación a la Siembra y a la Cosecha. Se titula: Nada sucede porque sí. Un día, un muchacho pobre que vendía mercadería de puerta en puerta para pagar sus estudios, vió que sólo le quedaba una simple moneda de diez centavos y tenía hambre. Decidió que pediría comida en la próxima casa. Sin embargo, los nervios lo traicionaron cuando una encantadora joven le abrió la puerta. En vez de comida, le pidió un vaso de agua. Ella pensó que el joven tendría hambre y le dio un gran vaso de leche. El bebió despacio y después le preguntó: ¿Cuánto le debo? -No me debes nada, respondió ella. Y continuó: -Mi madre nos enseñó a no aceptar pago por una caridad. Él dijo: - pues te lo agradezco de todo corazón. Cuando Howard Kelly salió de aquella casa, así se llamaba aquel niño, no sólo se sintió más fuerte físicamente, sino que también su fe en Dios y en los hombres fue más fuerte. Él ya estaba resignado a rendirse y dejar todo. Años después, esa joven mujer se enfermó gravemente. Los médicos de su pueblo estaban confundidos. Finalmente la enviaron a la ciudad más cercana, donde llamaron a un especialista para estudiar su extraña enfermedad. Llamaron al Dr. Howard Kelly. Cuando escuchó el nombre del pueblo de donde era ella, una extraña luz llenó sus ojos. Inmediatamente vestido con su bata de médico, fue a ver a la paciente. Reconoció inmediatamente a la mujer. Se determinó hacer lo mejor para salvar aquella vida. Dedicó especial atención a aquella paciente. Después de una gran lucha por la vida de la enferma, se ganó la batalla. El Dr. Kelly pidió a la administración del hospital que le enviara la factura total de los gastos. Él la pagó, después le escribió algo a la factura y mandó que se lo entregaran a la paciente. Al llegarle la factura de los gastos, la mujer tenía miedo de abrir el papel, porque sabía que tendría el resto de su vida para pagar todos los gastos. Finalmente abrió la factura y algo le llamó la atención, decía lo siguiente: "Totalmente pago hace muchos años con un vaso de leche. Dr. Howard Kelly". Lagrimas de alegría corrieron por los ojos de la mujer y su corazón feliz oró: Gracias Dios porque tu amor se manifiesta en las manos y en los corazones humanos".

Enseñanza: "En la vida nada sucede porque sí. Lo que haces hoy, puede hacer la diferencia en tu vida mañana".

Ademas en Mateo 7:1, dice: "No juzguen a otro, para que Dios no los juzgue a ustedes. Pues Dios los juzgará a ustedes de la misma manera que ustedes juzguen a otros; y con la misma medida con que ustedes den a otros, Dios les dará a ustedes".

Usted y yo tenemos en nuestras manos el que nos juzguen o no. En lo que juzgamos a otro, sembramos la semilla para que mañana nos juzguen a nosotros.

Todo el principio de siembra y cosecha lo podemos resumir como dice Lucas 6:31: "Hagan ustedes con los demás como quieren que los demás hagan con ustedes".

Deténgase por un momento y medite que es lo que está llegando a su vida. Pregúntese ¿por qué? Revise su estilo de vida, su forma de ser, su vocabulario, etc. Recuerde: todo lo que ha llegado a su vida es la cosecha de lo que usted ha sembrado a lo largo de ella.

Tengo buenas noticias para usted. Todo lo malo que hay en su vida puede cambiar. Hay esperanzas.

Eclesiastés 9:4 dice: "tiene más esperanza aquel a quien se concede seguir viviendo, pues vale más perro vivo que león muerto." Es decir, que mientras se esté vivo puede cambiar, y ¿qué es lo que hay que cambiar? La siembra, su siembra para que cambie su cosecha.

Mire lo que dice Proverbios 11:24 en la nueva versión Dios

Habla Hoy: "Hay gente desprendida que recibe más de lo que da, y gente tacaña que acaba en la pobreza".

Esto es secillamente el principio de Siembra y Cosecha en su máxima expresión, ya que siempre se recibirá más de lo que se de o se siembre, más la mala siembra, tacañería, también se va a multiplicar. Así que es mejor escoger que el principio de Siembra y Cosecha se active positivamente en nuestras vidas. Usted y yo escogemos. Y Proverbios 11:25 dice: "El que es generoso prospera, el que da también recibe".

Se dice, y es muy cierto que: El que siembra vientos cosechará tempestades. Recuerdo una conversación que en una oportunidad tuve con una mujer joven en la ciudad de Puerto Cabello, Venezuela, en la cual me decía que ella tenía mala suerte porque nadie le regalaba nada, ni siquiera en sus cumpleaños. Le pregunté que si ella regalaba y me dijo sobresaltada -¡Pastor! ¿Cómo yo voy a regalar si a mi nadie me regala? –Si alguien quiere que yo le regale tiene que regalarme a mi primero. Le contesté: Ese es su error. Usted tiene que sembrar para poder cosechar. La Biblia dice que como usted haga así le harán y que Dios mismo había dicho por medio de Jesús: Dad y se os dará (Lucas 6:38). Ella me contestó que no, que si no le daban, ella no iba a dar. Y así hay muchas personas, esperando que les den para ellas poder dar. Lamentablemente para esas personas Dios ha diseñado todo lo contrario, es decir el Señor dispuso en toda la naturaleza que primero se da y luego se recibe. Veamos unos ejemplos:

1.- Respire, sin soltar el aire, vuelva a respirar, todavía no suelte el aire, ¿quiere más aire? Vuelva a respirar. Le pregunto ¿puede seguir tomando aire sin dar el que ya tiene? ¿Verdad que no? Para poder recibir aire nuevo debe dar (expulsar) el aire que ya había tomado y que era suyo.

2.- Lo mismo pasa con la comida, si usted come y come y no evacúa, téngalo por seguro que no pasará mucho tiempo en que no podrá comer más.

3.- Está la tierra fértil y usted tiene en su mano el grano de trigo, de muy buena calidad y cerca de esa tierra está una fuente de agua que sirve para regar todo a su alrededor. El asunto es que con todo lo antes descrito no hay cosecha ¿sabe por qué? ¡Correcto! Ya usted sabe que no hay cosecha porque sencillamente no ha habido siembra.

Gracias a Dios que podemos entender este principio para ponerlo por obra de ahora en adelante, pues en el reino de los cielos las cosas son diferentes que en las cosas de este mundo. Es decir, en el mundo, la gente dice: para creer tengo que ver. En el reino de los cielos para ver, primero hay que creer, ya que la Biblia dice que la fe es la certeza de lo que se espera y la convicción de lo que no se ve. Pues así mismo es con la cuestión del dar. La gente dice que si quiere que yo le de, él o ella tiene que darme primero, más Dios dice: Si tú quieres recibir debes dar primero.

Nuestro Dios es un Dios justo y no nos pondría a hacer algo que Él mismo no hubiese experimentado y que no nos fuese a beneficiar. Así que si usted observa con mucho cuidado encontrará que la Biblia dice que Jesús es el unigénito hijo de Dios, unigénito significa que es el único, que no hay otro. Así que Dios queriendo tener más hijos ¿qué hizo? Sencillamente dio (sembró) a su hijo en rescate de la humanidad y ahora todo el que ha aceptado a Jesús como su salvador pasa a ser por motivo de su fe y como resultado de la siembra, un hijo de Dios en toda la extensión de la palabra. Dios pudo haber usado su poder y decir: Quiero más hijos... y los hijos tenían que haber aparecido. Pero no fue así sino que usó el principio de la siembra y la cosecha, ¿por qué? Sencillamente porque el Señor sabe que da resultado y que nosotros lo podemos hacer, es decir, está en nuestras manos el sembrar para cosechar.

Capítulo II

HABLEMOS ACERCA DE LA SEMILLA.

Concepto de semilla.

La semilla, simiente o pepita es cada uno de los cuerpos que forman parte del fruto que da origen a una nueva planta; es la estructura mediante la cual las plantas realizan la propagación.

La función y único propósito principal de toda semilla consiste en la reproducción y multiplicación de la especie. Es continuar con la extensión de la especie de la planta a la que representa.

Es dar vida a una planta idénticamente igual a la que produjo la semilla sembrada.

Toda cosecha se caracteriza porque anteriormente ha habido una siembra, y para que haya habido una siembra, necesariamente tuvo que haber o existir una semilla sembrada. La semilla, sencillamente es la parte de la cual el sembrador, conscientemente y de buen agrado, se desprende sabiendo que en un futuro le va a producir frutos para su aprovechamiento. Sin una semilla sembrada jamás habrá una cosecha.

Sembrar la semilla en un momento dado, significa desprendimiento de algo sin la posibilidad de sacarle provecho. La Biblia dice que si el grano de trigo no cae a tierra y muere, no puede llevar fruto, más si muere llevará mucho fruto. (Juan:12:24) Es decir, si usted deposita la semilla pero luego la busca porque la necesita, esa semilla no ha muerto, pues le es útil a su persona, usted la está usando y nunca jamás podrá darle frutos en abundancia, más si usted se olvida de esa semilla y ella muere para usted, a su tiempo germinará y producirá frutos para su beneficio. ¿Qué nos enseña esto? Nos enseña que la semilla se va de nuestras manos, pero no de nuestras vidas. La semilla se va al futuro a producir para nosotros, cosa que cuando nosotros lleguemos al futuro tengamos que cosechar.

El buen sembrador sabe que primero hay que sembrar para luego poder cosechar.
Ahora es bueno que recuerde que la semilla no es la que dispone sino su persona. Sembrar abundantemente, abonar y cuidar, trae una cosecha abundante.
Y recuerde que cada semilla se reproduce en su misma especie.

Si un agricultor quiere naranjas, él no plantará semillas de manzana dado que cada semilla se reproduce a sí misma.

Lo mismo ocurre con nuestro vivir diario. Ya usted sabe que la siembra no se limita solo a una semilla física de una determinada planta sino que abarca toda acción del ser humano. Recuerde Galatas 6:7. Así que si usted quiere atención, siembre atención en las personas a su alrededor, si usted quiere amistad, siembre amistad en la vida de otras personas, si usted quiere que las personas sean amables con usted, sea amable con ellas, ¿desea respeto?, pues siembre respeto.

Cada semilla produce fruto el cual contiene más semillas con las cuales volver a sembrar.

Usted decide cuándo, cómo y dónde va a sembrar. Un consejo sabio con relación a lo que venimos hablando se encuentra en el libro de Eclesiastés capítulo once en el verso seis que dice en la nueva versión de la siguiente manera: "Siembra tu semilla por la mañana y por la tarde siémbrala también, porque nunca se sabe que va a resultar mejor, si la primera siembra o la segunda, o si las dos prosperarán".
Me llama la atención que dice en el texto que no se sabe cual va a resultar mejor, si la primera o la segunda o si ambas prosperarán, es decir, el texto no dice que puede que una prospere y la otra no, sencillamente da a entender que una

puede ser mejor que la otra. Pero de que van a dar fruto van a darlos y que no se sabe si ambas van a prosperar de igual forma.

Como dije anteriormente y así lo enseña el principio bíblico de que todo lo que el hombre sembrare eso cosechará, que toda acción nuestra, sea consciente o inconscientemente, buena o mala, automáticamente se convierte en una siembra. Y dependiendo de la acción será una buena o mala siembra, que por lógica terminará en una buena o mala cosecha, que afectará positiva o negativamente nuestra vida.

Todo lo que ha llegado a su vida es el resultado de la siembra hecha por usted en el pasado. Así que si no es de su agrado lo que está llegando a su vida, le recomiendo que vea que tipo de semilla usted está sembrando y busque cambiarla.
Tenemos que tener mucho cuidado con la calidad de la semilla. No porque una semilla sea de papa, por ejemplo, va a dar una buena cosecha de papas. Le explico. Hay semillas de baja calidad, hay semillas contaminadas, hay semillas enmohecidas y hay semillas que les falta poco para podrirse. Esos tipos de semillas por su naturaleza y condición, no pueden dar una buena cosecha, aunque su fin es reproducirse, no tienen la fuerza necesaria para hacerlo ya que están disminuidas por cualquiera de las condiciones antes mencionadas. Lo mismo sucede cuando hacemos algo bueno o ayudamos a alguien pero de mala gana, por un interés desmedido, hipócritamente, a medias, sin ánimo,

por compromiso, porque no le queda de otra, etc. Todo lo que hizo, toda esa siembra la hizo con una semilla enferma, contaminada, de mala o baja calidad, por lo tanto la siembra a cosechar tendrá esas fallas de la semilla utilizada y seguro que no va a hacer de su agrado dicha cosecha. Es en estos momentos de mala cosecha, cuando mucha gente se pregunta, ¿qué hice de malo?, ¿por qué me pasa esto a mi?, si yo he ayudado, colaborado e incluso me he esforzado. Le respondo: todo está en la semilla utilizada.

Le voy a explicar el concepto que tengo de la palabra locura, el cual es muy personal y no está en ningún diccionario, y luego lo aplicaré al tema del que estamos aludiendo. Locura: Hacer siempre las cosas del mismo modo, sin ni siquiera una pequeña variación y querer obtener con el tiempo resultados diferentes. Eso es una locura. Lo mismo ocurre con la semilla. Nadie en su sano juicio puede pretender sembrar una semilla de papa y esperar cosechar cebollas. Por más que lo intente nunca va a obtener un resultado diferente. Sembró semillas de papas, papas cosechará. De igual forma nadie que use semillas de odio, rencor, desprecio, jamás podrá cosechar amor, bondad y perdón. Todo lo que llega a su vida, siempre va a estar asociado con lo que ha estado sembrando en el pasado. Yo he tenido que cambiar el tipo de semilla que he estado usando al darme cuenta de los frutos no deseados que estaban llegando a mi vida. Es cuestión de lógica. El Señor Jesús nos enseña en su palabra como obtener resultados diferentes con solo cambiar la semilla a sembrar. Él dijo: "oísteis que fue dicho; amarás a tu prójimo y aborrecerás a tu enemigo. Más yo os digo amad a vuestros enemigos y perdonad a quienes os ofenden" Mateo 5:44 ¿Se da cuenta? Todos venían usando la misma semilla de odio, de maldad y de venganza, lo cual producía más odio y más deseos de venganza, pero el Señor Jesús cambió la semilla. Y al cambiar la semilla cambió el resultado. Obtuvo una cosecha diferente.

Todo lo que hacemos, bueno o malo, consciente o inconscientemente, automáticamente por la ley de la siembra y la cosecha, se convierte en una semilla sembrada, que dará una cosecha, queramos o no, la cual afectará nuestra vida para bien o para mal. Entonces no debemos preocuparnos tanto por lo que queremos recibir en esta vida sino por lo que sembramos, que al final será lo que vamos a obtener.

¿Por qué es tan importante que pongamos atención al principio de la siembra y la cosecha? Porque por nuestra siembra estará marcada nuestra vida. Le explico. Toda siembra se caracteriza en condiciones normales, en que su cosecha va a ser mayor que la cantidad de la semilla sembrada. Es decir, si se siembra un grano de maíz, la cosecha no va a ser otro grano de maíz sino mínimo una mazorca de maíz la cual contiene muchos maíces. Al sembrar un grano trigo, se cosechará mínimo una espiga con muchos granos de trigo. De igual manera ocurre con las acciones que realizamos a diario, éstas, como ya hemos hablado se convierten en siembras, las cuales van a dar una cosecha proporcionalmente mayor a la acción hecha por nosotros y por eso afectará nuestras vidas. Y si lo malo lo hemos hecho en forma reiterada, solo eso llegará a nuestras vidas pero multiplicado. Lo mismo ocurre si hacemos el bien, ayudamos, practicamos la misericordia, amamos a las personas, perdonamos y somos bondadosos con nuestro prójimo. Esa buena cosecha no se hará esperar y será una bendición en nuestras vidas.

Capítulo III

A MAYOR SIEMBRA, MAYOR COSECHA.

El apóstol Pablo, hablando sobre la siembra y la cosecha, relacionado con la ofrenda, declaró lo siguiente: "pero esto digo: el que siembra escasamente, también cosechará escasamente; y el que siembra generosamente (abundantemente) generosamente también cosechará". 2da Corintios 9:6. Esto nos enseña que está en nuestras manos la cantidad de lo que queremos cosechar en el futuro. El principio es claro; una siembra abundante, trae una cosecha abundante; una siembra escasa trae una cosecha escasa. No es lo mismo sembrar unos cuantos granos de maíz que sembrar cien kilos de maíz. Así como se ve la diferencia en la cantidad de semilla sembrada asimismo se verá la diferencia en la cantidad a cosechar. ¿Usted ha escuchado a gente decir que no le alcanza el dinero? La solución a esta situación es comenzar a sembrar dinero abundantemente para que a su tiempo se tenga una cosecha abundante. Recuerde que la semilla se va de sus manos pero no de su vida.

Ahora usted debe saber que entre la siembra y la cosecha hay un tiempo prudencial que está directamente relacionado con el tipo de semilla que se está sembrando. Por lo tanto hay que respetar el tiempo de Siembra y Cosecha.

¿Cuando se ha visto a un granjero sembrar un día domingo e intentar cosechar el lunes por la noche? Desafortunadamente, muchos cristianos ofrendan el domingo en la noche y buscan un sobre lleno de dinero el lunes en la mañana. Gálatas 6: 9 nos muestra que siempre la cosecha llega en el momento apropiado, pues dice que "a su debido tiempo cosecharemos", o sea, es cuando Dios considere que es el tiempo justo de entregarla, en ese momento y no antes obtendrá el fruto de su siembra, así qué espere pacientemente su cosecha. Hay cosechas rápidas, como un saludo, una sonrisa, un favor, etc.; pero hay otras que se toman un tiempo razonable y aún hay otras cosechas que se llevan años en darse; ejemplo: la crianza de los hijos es una siembra que dará frutos cuando ellos hayan crecido y sean capaces de tomar decisiones. Ahí se verá el fruto de nuestra siembra.

Forzar la cosecha nunca traerá buenos resultados, así como no se come una fruta
verde como la piña, la patilla, así querer obtener la cosecha

antes de tiempo no es saludable. Un consejo sabio en cuanto a tener paciencia y esperar que la cosecha esté lista nos lo da la Biblia en el libro de Santiago cuándo dice: "Mirad como el labrador espera el precioso fruto de la tierra, aguardando con paciencia hasta que reciba la lluvia temprana y la tardía". Santiago 5:7. Así que por el bien de su cosecha y para que no vaya a perderla, tenga paciencia y espere, que su cosecha al tiempo indicado vendrá a su vida.

¿Qué hacer mientras llega la cosecha? Dos cosas aparte de esperar, tenemos que hacer:
1.- Cuide y procure el desarrollo de su semilla.
Todo agricultor sabe que después de sembrar sus semillas debe cuidarlas. Cuidarla de insectos, parásitos, falta o exceso de agua, de mucho sol, etc, para que se desarrollen. Asimismo usted debe cuidar su siembra, en este caso usted debe hablar bien, tener un vocabulario de confianza en Dios, en lo que Él ha dicho en su palabra y creer que viene algo bueno a su vida. Un hablar positivo y una conducta adecuada lo van a predisponer a esperar con gozo el brote de su semilla, no importando el tiempo y las circunstancias.
2.- Una siembra trae una cosecha, otra siembra trae otra cosecha, recuerde lo que dice Eclesiastés: "Siembra tu semilla por la mañana (primera siembra) y por la tarde siémbrala también (segunda siembra)". Es decir, mientras cuida su siembra anterior, vuelva a sembrar.
En una oportunidad una persona me dijo: "vive de tus siembras", y es cierto, una sola siembra da una sola cosecha,

varias siembras dan varias cosechas, pero una siembra constante dará una cosecha constante.

Un consejo sabio: No busque entender cómo, cuándo y dónde se le dará la cosecha. Se lo voy a explicar mejor. Hasta el día de hoy, no se ha podido explicar como es que la semilla al contacto con la tierra y el agua se convierte en una planta, que a su tiempo crece y da fruto. Tampoco se sabe como es que el niño crece en el vientre de su madre. De igual forma no sabemos como ocurre el milagro de la cosecha. Lo importante es que ocurre.

Lo bueno de la siembra en el Señor es que no sabemos por donde se va a dar la cosecha; por ejemplo: usted sembró su semilla ayudando a un hombre pobre y como la Biblia dice: "el que da al pobre a Jehová presta y el bien que hizo se lo volverá a pagar". Proverbios 19:17. Entonces Dios usando otro medio le dará a usted su cosecha. ¡Que bueno! Lo importante es que siempre vendrá a nuestra vida la cosecha, sin que sepamos como crece la semilla, ni cuándo y dónde se va a dar la cosecha.

Recuerde; "todo lo que el hombre sembrare, eso cosechará". Gálatas 6:7.

Quiero que esto le quede claro: todo es todo. Así que todo lo que usted siembre eso va a cosechar.

Anteriormente le dije que Dios sembró a su hijo Jesús y hasta hoy está cosechando hijos.

Si leemos el primer libro de Samuel en el capítulo uno,

encontraremos la historia de una mujer llamada Ana que no podía concebir y ella le dijo a Dios que si le daba un hijo varón ella se lo daría a él (siembra) y así fue, Dios le dio el niño y ella lo entregó a Dios, luego a los tres años le vino la cosecha. Si usted lee luego en el capítulo dos, vemos que Dios le dio a Ana tres hijos varones y dos hembras; ¿se da cuenta? ¡Sembró un hijo y cosechó cinco!

Todo es todo, yo he sembrado creyentes y he cosechado creyentes. Y usted dirá: ¿cómo se siembra creyentes?, muy sencillo, los creyentes de la iglesia que por razones diversas me han dicho que tienen que irse de la congregación, yo les pregunto que para dónde se van, cuando me informan, les pido que hagamos juntos una oración y luego digo: "Señor, Dios siembro este creyente en (digo el sitio a donde van), las bendigo y pido que prosperen ahí. Luego en mis oraciones personales abono esa siembra, desato bendiciones sobre las personas ¿y qué creen? ¡Correcto! Al tiempo me viene mi cosecha de creyentes.

Una vez sembré una moto, se la regalé a un hermano porque me iba al campo misionero, pasaron veinte años, yo ni me acordaba de esa siembra, pero Dios si se acordaba y en el mes de agosto del año 1999, Dios puso en el corazón de una persona que me regalara su carro. Valió la pena esperar la cosecha, llegó cuando más la necesitaba.

Así que recuerde: Todo es todo.

Cualquier inversión donde usted aporte una moneda y obtenga de regreso cinco monedas es un tremendo negocio.

Y si le dan la oportunidad de invertir más monedas, estoy seguro de que lo haría, ya que a más monedas invertidas mayor cantidad de monedas obtendrá de ganancia. Lo mismo sucede con la siembra (inversión) y la cosecha (retorno). La ley de los grandes números dice que a mayor cantidad de intentos mayor es la posibilidad de triunfo. Es decir mientras más veces intenta obtener algo más posibilidades tiene de alcanzarlo. El mismo principio es aplicable a la siembra y la cosecha pero ya no se dice que hay más posibilidades sino que la cosecha abundante está asegurada. Por lo tanto podemos concluir este capítulo diciendo que: A mayor cantidad de siembra más grande será la cosecha. Más cantidades de siembras mayor cantidades de cosechas. Siembras ininterrumpidas conducen a cosechas constantes. Y todas las cosechas se multiplicarán de manera proporcional en relación al número de las siembras hechas.

Capítulo IV

LO QUE SEMBRAMOS, ESO COSECHAMOS.

Todo es todo. Quiero demostrarle a la luz de la Biblia y con varios ejemplos que todo lo que hacemos acá en esta vida se convierte en una siembra que trae su respectiva cosecha.

Ejemplo número uno.
¡Hasta en los alimentos funciona el principio de siembra y cosecha!

En el libro del evangelio de Juan 6, dice que en una oportunidad había una multitud de más de cinco mil personas, que seguía al señor Jesús y éste les dijo a sus discípulos que les dieran de comer. Los discípulos le contestaron que ni aun doscientos denarios de pan (casi el sueldo de un año de un obrero) alcanzarían para darle un poco a cada uno. Entonces uno de los discípulos le dijo a Jesús: "Aquí hay un niño que tiene cinco panes y dos pescados, más ¿qué es esto para tantos?" Jesús oró e hizo el milagro de multiplicar esos alimentos y todos comieron hasta saciarse y sobraron doce cestas de pan. Yo le pregunto ¿a quién le tocaba por lo menos una cesta de los alimentos? ¡Correcto! Al niño que fue quien los sembró.

Segundo ejemplo.
En el evangelio de Lucas, capítulo 5, se narra la historia donde en una oportunidad el Señor Jesús se encontraba a orillas del Lago de Genesaret y era tal la multitud que había, que dice la historia bíblica que la gente lo apretujaba, ya que querían estar cerca de Él para oir sus enseñanzas. Al ver la situación el Señor Jesús le pidió a Pedro su barca prestada y entrando en ella, le dijo a Pedro que la alejara un poco de la orilla, luego se sentó en la barca y comenzó a enseñar. Dice la Biblia que cuando terminó de hablar le dijo a Pedro que llevara la barca a la parte honda del lago y que echaran las redes para pescar. Pedro le responde que toda la noche estuvieron pescando y que no habían pescado nada, pero al final le dijo a Jesús: "pero ya que tú lo mandas, voy a echar las redes." El resultado fue que recogieron tanto peces que las redes se rompían. Pedro tuvo que hacerle señas a sus compañeros de otra barca para que fueran a ayudarlo. Ellos fueron, y llenaron tanto las dos barcas que les faltó poco para hundirse.
¿Se da cuenta? Pedro le prestó (sembró) su barca vacía al Señor Jesús y este se la devolvió tan llena (cosecha) hasta el

punto de que casi se le hundía la barca por la cantidad de peces pescados.

Tercer ejemplo.

En el primer libro de Reyes, capítulo 17, se encuentra el siguiente relato: Dios da la orden al profeta Elías que se fuera a vivir en la ciudad de Sarepta, en Sidón y que en esa ciudad una mujer viuda lo iba a sustentar el tiempo que él estuviera allá. Al llegar al lugar indicado Elías vio a una viuda que estaba recogiendo leña, él la llamó y le dijo: " por favor tráeme un poco de agua para beber y tráeme por favor también un pedazo de pan." Ella le contestó: " te juro por el Señor tu Dios que no tengo nada de pan cocido. No tengo más que un puñado de harina en una tinaja y un poco de aceite en una jarra, y ahora estaba recogiendo un poco de leña para ir a cocinarlo para mi hijo y para mí. Comeremos y después nos moriremos de hambre." Elías le respondió: " no tengas miedo. Ve a preparar lo que has dicho. Pero primero, con la harina que tienes hazme una torta pequeña y tráemela, y haz después otra para ti y para tu hijo. Porque el Señor, Dios de Israel, ha dicho que no se acabará la harina de la tinaja ni el aceite de la jarra hasta el día en que el Señor haga llover sobre la tierra." Veamos lo que está sucediendo de cerca. Acá la situación estaba crítica, pues la viuda lo único que tenía era solo un poco de harina y de aceite y después que se comiera la harina, no tendría más nada, sino dejarse morir de hambre. Piense en la situación de esta viuda y de paso le viene un profeta desconocido y le dice que le haga comida a él primero. No estaba fácil la decisión para la viuda. Narra el pasaje que la mujer obedeció. Ella hizo como el profeta le dijo, es decir, sembró en Elías, y sucedió exactamente como le había dicho el hombre de Dios. Dice la Biblia que: "la viuda fue e hizo lo que Elías le había ordenado. Y ella y su hijo y Elías tuvieron comida para muchos días. No se acabó la harina de la tinaja ni el aceite de la jarra, tal como el Señor lo había dicho por medio de Elias." Es decir la viuda sembró lo único que tenía y cosechó una muy buena y gran cosecha que le dio para comer a ella, a su hijo y a Elías por muchos días. ¡ Ese es el principio de la siembra y la cosecha! Que todo lo que sembremos cosecharemos y ¡ multiplicado !

Recuerde nuevamente lo que dice la Biblia en el libro de los Gálatas: " lo que se siembra, se cosecha." Ya hemos visto que toda acción nuestra, consciente o inconscientemente, automáticamente se convierte en una siembra que a su tiempo dará, dependiendo de la semilla, una buena o mala cosecha.

En la oración del Padre Nuestro, enseñada por el Señor Jesús, en una de sus partes dice: " perdónanos el mal que hemos hecho, así como nosotros hemos perdonado a los que nos han hecho mal. Porque si ustedes perdonan a otros el mal que les han hecho, su Padre que está en el cielo los perdonará también a ustedes; pero si no perdonan a otros, tampoco su Padre les perdonará a ustedes sus pecados." ¡ Hasta aquí está el principio de la siembra y la cosecha ! Solo después de haber sembrado la semilla del perdón, es que podemos esperar la cosecha de ser perdonados. Nadie que no perdone, puede ser perdonado. Si siembra semillas de odio, odio cosechará, si de rencor, solo eso se producirá en su vida. Es fácil entender esto. Se recibe solo y únicamente lo que se siembra. Sembrando mentiras, enemistades, cizañas entre las personas, desobediencia, intrigas, maldades, angustias, nadie puede vivir feliz y en paz. Ya que solo eso es lo que predominará en su vida. En el libro de Oseas, la Biblia dice: " ellos sembraron vientos y cosecharan tempestades." Revise su vida. ¿Le gusta lo que está cosechando? Si no es de su agrado, apresúrese a cambiar las semillas que está sembrando para que mañana obtenga una cosecha diferente y llegue a su vida tiempos de refrigerio y paz. Mire como Dios en su palabra describe lo que es una vida que ha estado sembrando mal: "les dije siembren ustedes justicia y recojan cosecha de amor. Preparen la tierra para un nuevo cultivo, porque es tiempo de buscar al Señor, hasta que Él venga y traiga lluvia de salvación sobre ustedes. Pero ustedes han cultivado la maldad, han cosechado la injusticia y han comido de los frutos de la mentira." Oseas 10: 12-13.

Lo más fácil en esta vida es sembrar malas semillas. Me explico. Es fácil odiar al que nos odia, desear el mal al que nos ha robado, injuriado, calumniado, mentido o estafado. Maldecir al malvado, herir y hasta matar al que nos ha herido o intentado matar. Es decir la semilla de la venganza es la primera semilla que tenemos a la mano; de como me hizo le hago y si puedo hacerle más de lo que me hizo o dañarlo el doble lo haré. Esas malas semillas siempre van a hacer las primeras que tendremos a mano, por nuestra naturaleza pecadora. Más si conocemos el principio de la siembra y la cosecha, lo mejor que podemos hacer es detenernos un momento a pensar y reflexionar que es lo nos conviene y si vale la pena amarrar nuestro futuro y el de nuestra familia a sufrir las consecuencias de una mala siembra, traducida en una mala cosecha. Es mejor saber como reaccionar y responder ante la maldad, el engaño, la mentira, la estafa, la calumnia, la mala intención, y saber que hay un Dios que todo lo sabe y que si actuamos con justicia, veremos como Él nos defiende, quedando nosotros libre de toda mala cosecha.

Otra mala semilla que tenemos a la mano es el resentimiento el cual no se siembra en terceros sino internamente y a medida que va creciendo y dando fruto, daña la vida del que la posee. Está semilla crece muy silenciosamente y se esparce rápidamente afectando la salud, el ánimo y por último las relaciones interpersonales.

Resumiendo todo lo anterior, podemos concluir en que debemos estar consciente que toda acción nuestra, por causa y efecto del principio bíblico de la siembra y la cosecha, se convierte en una siembra que a su tiempo dará una cosecha y que queramos o no afectará nuestras vidas para bien o para mal, dependiendo de lo que hayamos sembrado.

Capítulo V

NO HACER NADA TAMBIÉN ES UNA SIEMBRA.

Alguien al conocer el principio de la siembra y la cosecha puede decir que es mejor no hacer nada para cuidarse de no tener una mala cosecha. Pues al no hacer nada, como quien dice, quedará neutro, es decir, ni cosecho bien ni cosecho mal y así me libro de cosechar algo malo. Para el que piense así le tengo malas noticias, pues el no hacer nada, ya es una mala siembra. Permítame explicárselo a la luz de la Biblia. En el libro de los Proverbios, en el capítulo veinticuatro, verso treinta en adelante dice así: " Pasé por el campo del perezoso y por el viñedo del hombre falto de seso: y lo que vi fue un terreno lleno de espinos, con su cerca de piedras derrumbada. Al ver esto, lo grabé en mi mente; lo vi y aprendí la lección: mientras tú sueñas y cabeceas, y te cruzas de brazos para dormir mejor, la pobreza vendrá y te atacará como un vagabundo armado." O sea que la flojera, la pereza para pensar, el no hacer nada, el no esforzarse, el no trabajar, es una mala siembra, cuya cosecha es la pobreza y una pobreza yo diría extrema, ya que dice el proverbio, que ésta vendrá como un vagabundo armado. Imagínese la ilustración, ¡un vagabundo y armado viene para atacarlo! Yo se que usted conoce gente así, es más todos conocemos personas así, que no trabajan, no les gusta esforzarse, les gusta lo fácil, la oferta, la oportunidad, el dinero fácil, y nunca prosperan, siempre andan endeudados, debiéndole dinero a casi todo el que conoce, y lo peor del caso es que le echan la culpa de su mala situación, de su escasez, a la mala suerte, a los padres, al lugar donde nacieron, a la sociedad, al gobierno, es decir, todos tienen culpa de su situación, menos ellos, ya que para todo tienen una explicación de el por qué no salen adelante.

Una tierra puede ser de muy buena calidad para sembrar, pero si no se le trabaja, ara, abona, cuida y riega, se convierte en una tierra baldía, ociosa y sin fruto. Lo que empieza a brotar en ella, es monte, cardos, espinos, en fin nada útil ni cónsono con lo esperado para ese tipo de tierra. Esa tierra está desperdiciando todos los nutrientes naturales que por su misma naturaleza posee y al final corre el riesgo de ser destinada para otro fin muy diferente para el cual fue creada. Lo mismo ocurre con la persona que no saca y aprovecha lo mejor de sí que como ser humano tiene. Es decir, su capacidad para pensar, crear, inventar, reproducir, mejorar, ampliar y aprovechar los recursos a su alrededor y explotar al máximo las destrezas innatas que posee. Así como la tierra descuidada, lo que produce es cardos, montes, abrojos, etc, asimismo a las personas que no les gusta esforzarse con el fin de superarse, lo que comienza a producirse en su vida, son cosas sin valor para la sociedad y ni para él mismo. Son personas consumistas, demandantes, nunca han ofertado nada de valor que haya nacido de ellos, se consideran siempre las víctimas y a la primera dificultad abandonan cualquier actividad que puedan estar haciendo. Son personas inconstantes, inestables y no son de confiar, ya que casi todo lo dejan por la mitad y su mayor sueño es tener de todo contando con un golpe de suerte, con ganar la lotería, esperando una herencia; no tienen principios morales, se venden al mejor postor y cambian de opinión de acuerdo a sus conveniencias y, como no tienen valores arraigados, pasan de un extremo a otro sin la menor pizca de vergüenza. Esas personas aparentan ser felices pero en el fondo no lo son, ni lo podrán ser, ya que como lo he dicho antes, la Biblia dice: "No se engañen ustedes: nadie puede burlarse de Dios. Lo que se siembra, se cosecha." Gálatas 6:7.

Como dije anteriormente no hacer nada es una siembra, pero con el agravante de que es una mala siembra y su resultado por ende será una mala cosecha. Surge la pregunta: ¿por qué el no hacer nada es una mala siembra, si exactamente no se está haciendo nada para no cosechar mal? La respuesta la encontramos en la Biblia. El libro de Génesis narra lo siguiente en el capítulo uno: "Al ver Dios que todo estaba bien, dijo: Que produzca la tierra toda clase de plantas: hierbas que den semilla y árboles que den fruto. Y así fue. La tierra produjo toda clase de plantas: hierbas que dan semilla y árboles que dan fruto. Y Dios vio que todo estaba bien." Es decir la tierra recibió de Dios la orden de producir todo tipo de plantas, en este caso plantas buenas por decirlo así, o sea para alimentos y usos nobles. Luego con la intervención del hombre la tierra sería cultivada, sacándole el máximo provecho. Más tarde con el correr del tiempo Adán y Eva desobedecieron a Dios y el Señor les dijo: "ahora la tierra estará bajo maldición por tu culpa; con duro trabajo la harás producir tu alimento durante toda tu vida. La tierra te dará espinos y cardos, y tendrás que comer plantas silvestres." Fíjese bien que en el principio la tierra solo producía semillas y plantas que dieran semillas y plantas, las cuales servían para la alimentación del hombre, más cuando pecan, ahora una de las maldiciones es que la tierra va a producir espinos y cardos, cosa que antes no producía. Es por eso que usted a veces ve que un poco de tierra, y esté como esté, que siempre tiene algunas plantas en ella, sin que nadie las haya sembrado. A veces en los tejados vemos un poquito de tierra y ahí vemos pequeñas plantas. Es la palabra de Dios que se cumple. Dos cosas quiero resaltar acá, sin entrar a considerar otros puntos inherentes al relato bíblico. Primero la tierra tiene la orden de producir plantas, buenas y malas. Las buenas las planta y procesa el hombre por medio de la agricultura y sembradíos. La segunda que si no se cultiva, cuida y prepara la tierra, por muy buena que ésta sea para los cultivos, solo producirá espinos y cardos, montes y plantas silvestres, es decir plantas de muy poco valor para el ser humano. Rescatando este principio, es que el apóstol Pablo lo aplica a la conducta y acciones del ser humano, cuando dice: "no os engañéis, Dios no puede ser burlado, todo lo que el hombre sembrare, eso también cosechará". Es decir de la misma forma de que si se descuida la tierra ésta va producir plantas sin valor alimenticio, el hombre, que también es formado de la tierra, si se descuida en su conducta y no cuida de su vida espiritual y no busca hacer la voluntad de Dios, terminará produciendo en su vida cosas sin ningún valor para él ni para la sociedad en la cual se desenvuelve.

Es muy importante; por lo antes expuesto, ocuparse en hacer cosas buenas, tener una buena actitud, una buena conducta, buscar no solo el bien propio sino el de los demás, obedecer a Dios, en fin hacer todo aquello que al sembrarlo tanto en nuestras vidas y en terceros, nos produzca una buena cosecha.

Cierro este capítulo con el siguiente pensamiento del Dr. Myles Munroe: "No basta con haber nacido varón, ahora éste debe crecer y desarrollarse para convertirse en hombre." Lo mismo digo en relación a nuestro tema: No vale de nada tener una buena semilla y una buena tierra, es necesario sembrar esa semilla y cuidarla para que la misma de un buen fruto. Como dice el predicador Mike

Murdock: " Siembra una parte de ti todos los días en tierra de calidad. Una semilla es cualquier cosa que puedes hacer que beneficie a otra persona. Tu respeto a los demás es una semilla...siémbrala. El conocimiento que impartes a otros es una semilla...siémbrala. Lo que haces que suceda para otros, Dios hará que suceda para ti." La Biblia dice: "sabiendo que el bien que cada uno hiciere, ése recibirá del Señor, sea siervo o sea librea." Efesios 6:8.

Capítulo VI

PERSEVERANDO EN LA SIEMBRA.

En Gálatas 6:9 dice: "No nos cansemos pues, de hacer bien porque a su tiempo segaremos, si no desmayamos." Persevere en su siembra, la parábola del sembrador en Lucas 8, nos enseña que debemos perseverar en la siembra. El pasaje dice que el sembrador salió a sembrar su semilla y que una parte de la misma cayó en el camino y se perdió, otra cayó entre las piedras y se perdió. Otra parte de la semilla cayó entre espinos y se perdió. Este sembrador no se desanimó, siguió sembrando hasta que su semilla cayó en buena tierra y dio fruto a ciento por uno. Este sembrador fue perseverante; prácticamente perdió el 75% de la siembra. Pero a cada siembra iba aprendiendo acerca de donde sembrar y donde no. Entendió que junto al camino no era conveniente ya que las personas pisaban la semilla y los pájaros se las comían. Aprendió que no era bueno sembrar entre piedras, pues la semilla se moría por el calor y la falta de humedad. Asimismo supo que no era bueno sembrar entre espinos, pues los espinos ahogaban las plantas dadas por su semilla. Siguió perseverando hasta saber y conocer cuando un terreno era propicio para sembrar y al encontrarlo sembró su semilla y recuperó las pérdidas anteriores. Sabemos que el principio de la siembra y la cosecha rige nuestra vida, que solo recibimos de vuelta lo que sembramos, pero también debemos de saber que así como en la agricultura se buscan las mejores tierras para sacar el máximo provecho a las semillas sembradas; asimismo debemos también reconocer en que tipo de personas debemos hacer nuestro mayor esfuerzo en sembrar. Hay gente que son malos terrenos para sembrar, como por ejemplo, las personas mal agradecidas, las interesadas, las mal intencionadas, las envidiosas, etc, este tipo de personas buscan más bien de dañar su semilla, anularla o desaparecerla. Gracias a Dios por el principio de la siembra y la cosecha, que siempre la semilla va a dar frutos, pero no es lo mismo sembrar nuestras semillas en este tipo de personas, que en gente agradecida, consideradas, respetuosas, conscientes y honradas. Siempre en esta clase de personas las semillas darán una mejor y abundante cosecha en comparación con el otro tipo de personas. Quiero dejar claro que nunca se va a quedar sin su cosecha, pero no es lo mismo cosechar al 10% que cosechar al 100%.

Usted debe ver y saber también que tipo de terreno es. A muchos nos gusta que las demás personas sean buen terreno, para que toda siembra que hagamos en ella, nos de una buena cosecha. Más pocos somos los que nos miramos introspectivamente para asegurarnos que las siembras que hagan los demás en nosotros, den una buena cosecha. Mahatma Gandhi dijo:" la vida me ha enseñado que la gente es amable, si yo soy amable; que las personas están tristes, si estoy triste, que todos me quieren, si yo los quiero; que todos son malos, si yo los odio; que hay caras sonrientes, si les sonrío; que hay caras amargas, si estoy amargado; que el mundo está feliz, si yo soy feliz; que la gente es enojona, si yo soy enojón, que las personas son agradecidas, si yo soy agradecido. La vida es como un espejo. Si sonrío, el espejo me devuelve la sonrisa. La actitud que tome frente a la vida, es la misma que la vida tomará ante mi. El que quiera ser amado que ame." Antes de buscar un buen terreno donde sembrar, asegúrese primero que usted lo es.

Y como les hablé en el capítulo dos, otra característica de toda siembra es que después de haber sembrado la semilla, debemos esperar un tiempo prudencial para obtener la cosecha deseada. Es decir, toda siembra tiene un tiempo especifico para darse. No es el mismo tiempo que tarda la semilla de las habichuelas, la del tomate y ají, por ejemplo, en dar su fruto, que el tiempo de la semilla del coco, mango y aguacate. Las primeras dan su fruto en unos pocos meses y las últimas se llevan años en fructificar. Con esto quiero crearle consciencia que no debe permitir que por no saber que tipo de semilla está sembrando, vaya a desanimarse y perder su cosecha. Así que fíjese que semilla está usando, y ella, por su naturaleza y fruto, le dirá el tiempo aproximado que ha de esperar. De igual forma quiero hacerle saber que Dios ha dispuesto una forma diferente en que nosotros los seres humanos recibimos nuestra cosecha. Le explico. Lo normal en una siembra es usar una semilla, la cual se siembra en la tierra, se espera un tiempo prudencial y al término de este se cosecha en el mismo lugar donde se sembró. Ahora en relación a nosotros, Dios en su sabiduría ha provisto lo siguiente: que el hombre siembre con sus acciones y actitudes en una persona pero que coseche en otra persona, reservándose el tiempo de la misma. Por ejemplo, usted hace un favor a un tercero y su cosecha de esa buena acción no vendrá por la misma persona a quien usted favoreció, sino de otra gente, que quizás ni conozca y hasta se le haya olvidado la buena acción que usted hizo en el pasado. Anteriormente les narré como regalé una moto de apenas unos meses de uso a un persona, que de paso no la he vuelto a ver, y pasados alrededor de unos veinte años, otra persona, que no conoce a quien yo le regalé mi moto, me regaló su carro. Como les dije valió la pena esperar, ya que esa siembra llegó en el momento que más la necesitaba; y como toda siembra viene a nuestra vida multiplicada, yo salí favorecido, es decir sembré dos ruedas y coseché cuatro ruedas. Personalmente me gusta que Dios lo haya dispuesto así, ya que eso nos ayuda a poner nuestra mirada en Él y no esperar que a la persona a la cual le hallamos hecho un favor, sea quien nos retribuya.

En mi vida he podido experimentar lo de sembrar en una persona y cosechar en otra. Le explico. La Biblia dice: "hagan ustedes con los demás como quieren que los demás hagan con ustedes." Lucas 6:31. Por lo tanto mi esposa y yo hemos ayudado con hospedaje y hospitalidad a muchas personas, lo cual para nosotros es motivo de mucha alegría. Recuerdo el caso de una pareja chilena, cristiana, que andaban con un niño y que perdieron el vuelo hacia su país. Y estando en el aeropuerto una persona que supo de su situación me llamó, me planteó el caso y le dije que los trajera a mi casa. Los hospedamos, los atendimos, compartimos con ellos, y al otro día fuimos al aeropuerto y con la ayuda de Dios, pudieron viajar a su país natal. Más nunca los hemos visto y de hecho ni sus caras y nombres recuerdo. Pasaron varios años de esa siembra, ya ni me acordaba de eso, y me tocó viajar a California, Estados Unidos. Todo estaba conversado, de quien me iba a recibir, ya que era la primera vez que iba hacia allá. Me fui confiado, llegué a las 9:30 de la noche, y para hacerle el cuento corto, no estaba la persona que me iba a recibir, lo llamé telefónicamente y no contestaba, ya eran más de las 11:00 de la noche, y me decidí llamar un taxi que me llevara a un hotel. Al subirme al taxi y pedirle que me llevara a un hotel, resultó que era un creyente en Cristo y me dijo que me iba a llevar a un hotel bueno, me cobró la mitad del costo de la carrera, me invitó al otro día a desayunar, me llevó a las partes donde debía de ir, me servía de interprete, me alertaba donde ir y donde no, me presentó a su esposa, me llevó a la iglesia, me paseó gratis y por último me llevó de vuelta al aeropuerto y hasta el día de hoy nos llamamos telefónicamente y me dice que la próxima vez que vaya a

California me voy a hospedar en su casa. ¿Se da cuenta de la bendición de sembrar hospedaje y hospitalidad? Sembré en unos chilenos y coseché en un mexicano.

No se desanime en su sembrar diario. No importa como en un momento dado lo traten. No importa lo que digan las circunstancias. La Biblia dice que hagamos el bien, ya que a su tiempo segaremos sino desmayamos. Gálatas 6:9. La promesa de este pasaje no es que nos van agradecer todo el tiempo, no es que nos van a entender y comprender siempre, no, la promesa consiste en que a su tiempo, en el tiempo de Dios, que siempre es perfecto, vamos a cosechar lo que hemos sembrado, y por eso, Dios sabiendo que eso es así, nos exhorta a que no desmayemos de hacer el bien.

Capítulo VII

SEMBRANDO DINERO.

" No se engañen ustedes: nadie puede burlarse de Dios. Lo que se siembra, se cosecha." (Gálatas 6:7 DHH). Vuelvo a citar este versículo solo para recordarle que LO QUE SE SIEMBRA SE COSECHA. La ley de la siembra y la cosecha funciona porque es un principio creado por Dios; así que por ejemplo si dos agricultores, uno negro y el otro blanco, uno gordo y el otro delgado, uno alto, el otro bajo, uno casado y el otro soltero,uno religioso, el otro impío, uno estudiado y el otro analfabeto; siembran en un mismo tipo de terreno una misma clase de semilla y le dan el mismo cuidado y atención, los dos cosecharán lo mismo y en las mismas cantidades. Ya que la ley de la siembra y la cosecha no discrimina sexo, color, raza y creencias; es una ley que se activa al ser sembrada una semilla en un terreno. Los tontos ignoran esta ley, los descuidados la desperdician y ambos sufren las consecuencias. Los sabios y entendidos en esta ley la aprovechan y viven de ella. Todos sabemos que el desconocimiento de la ley no nos exime de su cumplimiento. El que transgrede la ley no puede alegar desconocimiento de la misma y es castigado tan igual como aquel que violenta la ley con conocimiento de lo que está haciendo. Así que por nuestro bien, pongamos atención a este principio en relación al dinero. En relación al dinero el apóstol Pablo aconseja de la siguiente manera a los hermanos de Corinto: ¨ Pero esto digo: El que siembra escasamente, también segará escasamente; y el que siembra generosamente, generosamente también segará. Cada uno dé como propuso en su corazón: no con tristeza, ni por necesidad, porque Dios ama al dador alegre.¨ (2 Corintios 9:6, 7 RVR1960). En el contesto donde Pablo dice este pasaje es en relación a una ofrenda que los de Corinto habían prometido a los de Macedonia. Acá les dice en otras palabras que si dan poco dinero en la ofrenda pues poco dinero recibirán luego. Él está comparando el dar la ofrenda como una siembra y dice que el que siembra escasamente, escasamente cosechará, más el que da generosamente así mismo cosechará. Permítame antes de continuar con este tema, aclararle que no busco manipularlo con esto de ver la ofrenda, el dar dinero como una siembra para que dé. Pues en primer lugar lo que estoy es enseñando un principio bíblico y segundo no se quien está leyendo este libro, y al no conocerlo, sencillamente no puedo manipularlo, ya que cuando se manipula a alguien es buscando algo en beneficio propio. Fíjese en las personas que son egoístas, tacañas; vea como están sus vidas, y como terminan económicamente; que por buscar tener, no dan y el dinero termina huyendo de sus vidas. Más la persona generosa siempre está recibiendo. Pareciera una contradicción que el que da siempre tendrá más y el que busca retener sin dar termina en escasez. Esto solo se puede explicar conociendo el principio dado por Dios de la siembra y la cosecha. El libro de los proverbios lo explica de la siguiente manera: "Hay gente desprendida que recibe más de lo que da, y gente tacaña que acaba en la pobreza. El que es generoso, prospera; el que da, también recibe." (Proverbios 11:24, 25 DHHD). Ignorar esta ley en cuanto al dinero es traernos problemas económicos, por eso al comienzo de este capítulo le dije que los tontos ignoran esta ley y que los descuidados la desperdician y ambos sufren las consecuencias, pero que los sabios y entendidos de esta ley la aprovechan y viven de ella. Recuerde que Jesús dijo: " Dad y se os dará y que con la medida que demos con esa misma medida nos darán." En otra oportunidad Jesús dijo que "más bienaventurado era dar que recibir." Se es más bienaventurado dando, ya que al dar activamos automáticamente el principio de la siembra y la cosecha, y ya sabemos que todo lo que sembremos eso vamos a cosechar. Ahí está la bienaventuranza. Recuerde que por este principio, el dinero que usted de a terceras personas con alegría ciertamente se va de sus manos pero no se va de su vida. Ese dinero convertido ahora en semilla se va al futuro a producir para usted, cosa que cuando usted llegue a ese futuro tenga de donde cosechar. Por eso es que se debe dar con alegría, dando lo más que pueda, pues es dinero que a su tiempo retornará a usted pero multiplicado. Y que bueno es recibir una cosecha de dinero cuando uno más lo necesita. La cosecha de dinero a veces viene envuelta en forma diferente al dinero pero que si uno lo discierne se dará cuenta que ahí está. ¿Como es eso? Se lo explico con un ejemplo. Hace años mi esposa y yo estábamos construyendo la casa donde vivíamos y nos faltaba por terminar la parte de atrás. Confiamos y esperamos en Dios para que nos proveyera para terminar de construir la casa y a su vez esperando la cosecha de nuestra siembra. En ese tiempo viajé a Nueva York para cumplir unos compromisos con unas iglesias y era tiempo de invierno. Casi a cero grado centígrado estaba la temperatura, pero con todo, un día decidí salir a caminar por las calles de Brooklyn. Ese día la brisa estaba fuerte, lo que me impedía caminar con la vista hacía adelante; así que entre el frío y la brisa helada, me obligaban a caminar lento y mirando hacia el suelo para resguardarme los ojos. En un momento, por estar caminado de esa manera, veo a una persona que con su pie golpea una bolsita roja como de gamuza, la persona sigue caminando, eso llamó mi atención, me detengo y tomo la bolsita sin ponerle mucha atención. Busco abrirla, ya que tenía un pequeño nudo y medio alcanzo a ver una sortija, pero el frío y la brisa eran tan fuerte que no terminé de abrirla, me la meto en un bolsillo y me devuelvo a la casa. Para hacerle la historia corta y no entrar en detalles, la bolsita contenía trece sortijas que al preguntar en una joyería por allá mismo el precio de las mismas, las valoraron en mil ciento cincuenta dólares cada una, pues eran de oro con diamantes. Demás esta decirle que las vendí y con el dinero obtenido terminamos la construcción de la casa. Con eso me refiero que a veces la cosecha de la siembra de su dinero viene en envoltorios diferentes al dinero. Muchas personas ven el dar el diezmo como algo obsoleto, innecesario, como que se quieren aprovechar de su dinero; personalmente lo veo como una bendición de Dios que nos permite activar el principio de la siembra y la cosecha a nuestro favor para que nunca nos falte dinero o la equivalencia del mismo en cosas necesarias para nuestras vidas. Cada vez que alguien da el diezmo de sus entradas de dinero al Señor, está enviando dinero a trabajar para él al futuro. Dios que es bueno y queriendo que a todos nos vaya bien económicamente hablando, implementó el diezmo como forma de siembra de dinero. La promesa que Dios da en su palabra para todo aquel que de sus diezmos a Él es la siguiente: "Traigan su diezmo al tesoro del templo, y así habrá alimentos en mi casa. Pónganme a prueba en eso, a ver si no les abro las ventanas del cielo para vaciar sobre ustedes la más rica bendición. No dejaré que las plagas destruyan sus cosechas y sus viñedos." (Malaquías 3:10, 11 DHHD). ¿Se da cuenta en sí de la verdadera finalidad del diezmo? Es protección económica. Das el diezmo, activas el principio de la siembra, Dios se compromete a guardar tu siembra y abrir las ventanas de los cielos para bendecirte, es decir darte tu cosecha de acuerdo a lo que hayas sembrado, que en el caso de los diezmos ahora es dinero. Antes eran frutos de la tierra ya que Israel era un pueblo que vivía de la agricultura y la ganadería y eso era lo que traía de diezmo y le producía su sustento y, ahora en estos tiempos el fruto de nuestro trabajo y esfuerzo es dinero, por eso lo que traemos a Dios es dinero y eso será lo que cosechemos. Conociendo ahora este principio espero que usted sea sabio y entendido y de ahora en adelante pueda aprovechar este principio para vivir de él y, mi consejo es que en toda oportunidad que tenga para ayudar financieramente o dar o colaborar con dinero, hágalo, pues cada vez que lo haga usted está sembrando dinero para cosecharlo más adelante.

Capítulo VIII

LA VIDA NOS DEVUELVE
LO QUE LE DAMOS.

Se dice que la vida es como un eco. Ella siempre nos devuelve lo que le damos. Con esto quiero aclarar que no cosechamos acciones aisladas sino lo que consciente, cotidiana y constantemente hacemos, eso es lo que cosechamos. Lo aislado, es eso, solo un hecho aislado que no marcan nuestra vida y conducta, por lo tanto, lo que cosechemos por ello será algo muy mínimo. Le explico. El que alguien alguna vez vaya de pesca porque lo inviten, no lo convierte en un pescador, lo mismo quien alguna vez se lanzó de un paracaídas, no lo convierte este hecho aislado en un experimentado paracaidista. Ahora si estás personas buscan especializarse en esas actividades, ciertamente cosecharan en relación a las mismas. Por eso es que le digo que son las acciones constantes que hacemos las que nos avisan lo que mañana cosecharemos. Hasta las leyes de todos los países cuando castigan a alguien que ha violentado la ley, ven si la persona tiene algún récord criminal o si por lo contrario es la primera vez que incurre en un delito y, de ser así , la pena es mayor cuando la persona es recurrente en cuanto a violentar la ley. No se puede ir por la vida ofendiendo, maltratando y aprovechándose de las demás personas y pretender tener un final feliz . El que engaña y lo tiene como forma de vida, terminará siendo engañado y burlado. El que odia, el que guarda rencor y si esa es su constante a lo largo de su vida, acaba en soledad y, siendo en el mejor de los casos, despreciado por no decir odiado por los que le rodean.Toda acción que es repetida constantemente en nuestras vidas se convierte automáticamente por el principio de la siembra y la cosecha en una semilla que dará exactamente como fruto la misma acción que estamos llevando a cabo. Así que odiar y guardar rencor y buscar vengarse, es como si una persona sembrase en un terreno de su pertenencia abrojos, cardos y espinos y pretender que esa cosecha la reciba la otra persona a quien se odia. Recuerde que toda acción que se repite constantemente en nuestras vidas, se convierte en un hábito y éstos nos llevan a tener un determinado estilo de vida, que a su vez nos asegura una determinada cosecha, sea buena o mala.

Todo lo que tenemos y somos hoy, es el resultado de lo que sembramos en el pasado; y tendremos en el futuro lo que sembremos hoy. La idea que le quiero dejar clara es que todos debemos estar consciente de nuestras acciones, reacciones y conducta, y lo que sabemos que no es bueno y no nos conviene, erradicarlo de nuestras vidas, cambiándolo por buenas acciones para asegurarnos una buena cosecha en el futuro, tanto para nosotros como para los nuestros. Recuerde lo que dice el libro de Eclesiastés citado anteriormente: ¨ Siembra tu semilla por la mañana y siémbrala por la tarde también.¨ Es decir debemos ser constantes en nuestras buenas acciones para cosechar de igual forma.

Una de las semillas que esta sociedad moderna nos ha hecho olvidar o por lo menos descuidar o poner a un lado, es la semilla del ayudar a terceros. Cada quien está ocupado en lo suyo, en sus cosas, en sus intereses, en sus necesidades y no le importa o le tiene sin cuidado las situaciones de las demás personas. El egoísmo es ya parte o estilo de vida de muchas personas, la insensibilidad por los apuros de terceros es una constante en este mundo moderno. Respuestas como: No es mi problema, no es asunto mío, no me interesa, allá tú, etc, son expresiones del vivir diario y se expresan sin la menor pena ni vergüenza. Lo que muchos ignoran es que ese accionar, esa forma de ser, ese egoísmo casi justificado, lamentablemente es una siembra y por lo tanto esa será la cosecha a obtener en el futuro y multiplicada. Le aclaro lo expuesto con la siguiente ilustración:
Un ratón, mirando por un agujero de la pared, ve al granjero y a su esposa abrir un paquete. Quedó aterrorizado al ver que era una trampa para ratones.

Fue corriendo al patio a advertirle a todos. !Hay una ratonera en casa..! !hay una ratonera..! La gallina que estaba cacareando y escarbando le dice: "disculpe señor ratón yo entiendo que es un gran problema para usted, pero no me perjudica en nada". Entonces fue hasta el cordero y le dice lo mismo y este le responde: "disculpe señor ratón pero no creo poder hacer algo más que pedir por usted en mis oraciones", el ratón se dirigió a la vaca planteándole la situación y ella le dijo: "pero ¿acaso estoy en peligro?, pienso que no". El ratón volvió a la casa, preocupado y abatido para encarar a la ratonera del granjero. Aquella noche se oyó un ruido extraño, como el de la ratonera atrapando a su víctima. La mujer corrió a ver qué había atrapado. En la oscuridad ella no vio que la ratonera atrapó la cola de una serpiente venenosa. La serpiente veloz mordió a la mujer, el granjero la llevó inmediatamente al hospital, ella volvió con fiebre alta. El granjero para reconfortarla le preparó una nutritiva sopa, agarró el cuchillo y fue a buscar el ingrediente principal: la gallina; como la mujer no mejoró, los amigos y vecinos fueron a visitarlos. El granjero mató al cordero para alimentarlos, la mujer no mejoró y murió. El esposo vendió la vaca al matadero para cubrir los gastos del funeral.

Moraleja: La próxima vez que alguien te cuente su problema y creas que no te afecta por que no es tuyo y no le prestes atención, piensalo dos veces. El mundo no anda mal sólo por la maldad de los malos sino por la indiferencia de los buenos. Así que cuando alguien necesite de ti por sus problemas, tiéndele la mano o por lo menos dale una palabra de aliento.

Por eso una vez le repito lo que le dije en el capítulo anterior: Los tontos ignoran la ley de la siembra y la cosecha, los descuidados la desperdician y ambos sufren las consecuencias. Los sabios y entendidos en esta ley la aprovechan y viven de ella.

La regla de oro de las relaciones interpersonales, escrita en la Biblia dice:
»Así pues, hagan ustedes con los demás como quieran que los demás hagan con ustedes; (San Mateo 7:12 DHH). Acá se condensa el principio de la siembra y la cosecha. Como hagamos y tratemos a los demás así nos tratarán las demás personas a nosotros. No hace falta ser un doctor en filosofía, teología o tener un Phd para entender esto. El llamado es a revisar nuestras acciones diarias, los hábitos que tenemos, como contestamos, como nos dirigimos hacia los demás, como estamos en cuanto a respetar a los demás, como reaccionamos antes situaciones delante de terceros; si somos ofensivos, irónicos, impertinentes, o amables, corteses, obedientes, solícitos en ayudar, caritativos, solidarios, honestos en el trato, cumplidos, honorables, responsables, puntuales. Además en nuestro hogar, ¿como nos desenvolvemos con los nuestros? Muchos, sobre todos los hombres, somos descorteses con nuestra pareja pero muy amables con los de afuera, otros son luz para la calle y oscuridad para el hogar, amables con los del trabajo y rudos con los del hogar, colaboradores para con terceros e indiferentes en la casa. Todo esto lo que trae a la larga es una mala cosecha de indiferencia entre los cónyuges, infidelidad de algunas de las partes, hastío de la relación y muchas relaciones terminan en divorcio o separación,

trayendo sufrimiento a los hijos y heridas que se pudieron evitar poniendo atención a lo que estamos sembrando con nuestras acciones.

Ahora si usted está leyendo este libro y se da cuenta que ha venido haciendo una mala siembra y desea corregirse, le tengo buenas noticias. Y es que desde ahora puede suspender esas malas acciones que son malas semillas y comenzar a tener buenas acciones, conducta y respuestas favorables a los que le rodean, y en futuro no lejano pasarán dos cosas. Una, la semilla de las malas acciones, por usted no haberla sembrado más, pararán de dar mala cosecha , y dos, las semillas de las buenas acciones, sembradas ahora por usted, a su tiempo comenzarán a dar una muy buena, rica y abundante cosecha, lo que se traducirá en unas buenas y excelentes relaciones interpersonales y para los casados una muy buena relación de pareja, lo que traerá un renacer de ese amor que un día se tuvieron y que los llevó a tomar la bella decisión de contraer matrimonio y formar un hogar con la bendición de Dios y disfrutar de la vida abundante que Dios ha prometido a los que se unen para siempre en el vínculo sagrado del matrimonio.

Cierro este capítulo con este pensamiento: Todas nuestras acciones, buenas o malas, son semillas que tarde o temprano darán sus frutos.

Capítulo IX

PREPARANDO EL FUTURO.

La vida es un constante ciclo de siembra y cosecha. Así como el ciclo del agua se repite una y otra vez, es decir, cae el agua de las nubes a la tierra y esta al final llega al mar, ahí por el efecto del calor, se evapora, y al hacerlo regresa a las nubes, donde se condensa por el frío para luego convertirse en agua nuevamente y volver a caer a la tierra, para comenzar otra vez el mismo ciclo. Nada interrumpe el ciclo del agua, pueda que tarde un poco por diversos factores, pero al final el ciclo del agua se impone y vuelve a repetirse. Lo mismo ocurre con el principio de la siembra y la cosecha. En unas personas es más rápida que en otras pero al final toda persona recoge lo que sembró. Por lo tanto es hoy, en su presente, que usted debe preparar su futuro. En otras palabras su futuro depende de lo que usted está sembrando hoy. Si espera llegar al futuro para sembrar está cometiendo un grave error, el cual le va a pesar muchísimo y quizás cuando ese futuro llegue, ya no tenga tiempo para anular esa mala siembra y comenzar una nueva y buena siembra, y su vejez le será muy traumática. Personas que llegan a una edad avanzada, solas, pobres, desamparadas, abandonadas de todos y por todos, sin un soporte económico, dependiendo de la caridad y buena voluntad de extraños, la causa de esa mala situación debe buscarse en su pasado, en el tipo de siembra que hicieron, el tipo de vida que llevaron y la mala semilla que esparcieron. Ningún agricultor espera a tener hambre para sembrar. Él sabe que toda siembra hay que hacerla con tiempo y que la recogerá en el futuro, la cual dependerá de varios factores, como el tipo de semilla que sembró, el suelo donde sembró, el cuidado que le tuvo a esa siembra, etc, pero al tiempo señalado obtendrá el fruto de lo sembrado y tendrá para comer, guardar y negociar para la obtención de otros rubros que necesite. Un ejemplo típico es el de personas que comienzan a ahorrar faltando pocos meses para casarse. Varios años de amores, un noviazgo largo y después de fijar la fecha para la boda es cuando piensan en ahorrar para la misma y luego buscan trasladar en amigos y familiares esa responsabilidad, y al invitar a la boda extienden una lista de regalos, que según ellos, el invitado a su nupcias, debe presentarse con un regalo especifico, previamente escogido por ellos. No estoy en contra de los regalos, solo que estos deben ser espontáneos y sin ningún tipo de presión, pues si la persona ha sembrado buenos regalos a lo largo de su vida, téngalo por seguro que buenos regalos llegarán a él, debido al principio bíblico de la siembra y la cosecha. Su futuro depende de su hoy. Recuerdo la primera vez que fui a un crucero con mi esposa. Disfrutamos grandemente gracias a Dios. Tomamos el barco en Miami y conocimos Las Bahamas, San Thomas, San Martin y dos islas más cuyos nombres en este momento no recuerdo. Fueron ocho días de total bendición. Disfrutamos de charlas para parejas, salidas programadas, comida en abundancia, cenas de galas, atención en el camarote, salas de baile, piscina y sol en la terraza del barco, compras tanto en el barco como en cada puerto que llegábamos, experiencias nuevas, bellas playas e hicimos lindas amistades. Todo muy bello y hermoso, pero todo eso tuvo un costo en dólares, que para aquel entonces sobre pasaba mi presupuesto. ¿Y como logramos ir entonces? Comencé año y medio antes de la fecha del crucero a ahorrar para el mismo. Calculé el costo, lo dividí entre el número de meses que faltaban y, mes tras mes fui ahorrando y haciendo todos los preparativos para el viaje, es decir llamando a Miami, enviando correos electrónicos, afinando detalles, recortando gastos, y todo eso sin que mi esposa lo supiera, pues quería darle ese regalo como una gran sorpresa y así fue. ¿Qué quiero decir con esto? Que comencé a sembrar año y medio antes para cosechar ocho días de crucero, que hasta el día de hoy mi esposa y yo lo recordamos como un punto especial en nuestra relación matrimonial. Nos gustó tanto que luego fuimos a un segundo crucero y estamos actualmente pensando en un tercer viaje de crucero. Recuerde: todo lo que llega a su vida es el fruto de las siembras hechas por usted en el pasado. Por eso le dije en un capítulo anterior que si no le gusta lo que está llegando a su vida, cambie el tipo de siembra que está realizando. Además recuerde que las siembras deben ser constantes y abundantes y que estás siembras se van al futuro a producir para usted, para que cuando llegue a ese futuro tenga de donde cosechar. Conozco un caso de primera mano, de una persona la cual asistía hace años a una iglesia que pastoreaba junto con mi esposa en Venezuela. Me fijé que en esta persona había una pobreza extrema y que por más que hacía cosas para buscar su sustento, no progresaba y más bien parecía como si cada día retrocediera más y más en cuanto a lo económico. Su caso me llamó mucho la atención y mi esposa y yo, buscamos acercarnos a esa persona para ver como podíamos ayudarle. Y un día nos contó su historia y nos dijo porque ella estaba así. Su relato fue el siguiente: ¨ Pastor mi esposo y yo hace años vivíamos muy bien económicamente hablando, teníamos abundancia, ahorros y estábamos totalmente solventes, ya que mi esposo trabajaba en una compañía petrolera y le pagaban muy bien. En mi casa se compraba era por bultos de café, bultos de harina, bultos de arroz, la leche la comprábamos por cajas de seis envases de dos kilos cada uno, había tanta comida en mi casa, que yo guardaba las cajas de leche en polvo debajo de mi cama. Y tengo una hermana menor que yo, que para aquel entonces tenía una niña pequeña, y ella cuando venía a mi casa para pedirme un poco de leche para hacerle el biberón a su hija, teniendo yo cajas de leche sin abrir debajo de mi cama, tomaba y le daba exactamente las tres cucharadas de leche que necesitaba para el biberón y se las daba de mala gana. Y así sucesivamente me comportaba con mi hermana en su necesidad y con todos." Fue entonces cuando comprendí lo que le sucedía a esta persona. Ella sembró mal por muchos años, sembró egoísmo, avaricia, mezquindad, indiferencia y eso y solo eso es lo que llegó a su vida con el correr de los años. Conversé con ella, le hablé del arrepentimiento, del pedir perdón y de apartarse de toda mala siembra para que con el tiempo revirtiera a su favor el principio de la siembra y la cosecha. La Biblia en el libro de los Proverbios resume de la siguiente manera el principio de la siembra y la cosecha así: "Hay gente desprendida que recibe más de lo que da, y gente tacaña que acaba en la pobreza."(Proverbios 11:24 DHH). Muy acertadamente el Dr. Mike Murdock dice: " El dar es llevar algo de hoy al futuro." Mi consejo por lo tanto es: Mande todo lo bueno que pueda hoy al futuro. Mande en la mañana, mande en la tarde, mande en la noche, y al otro día siga mandando todo lo bueno que tenga. Cierro este capítulo con un relato de algo muy bueno que me ocurrió en el último viaje que hice a Miami. Al llegar al aeropuerto, la persona que me fue a buscar, no me llevó al lugar donde me debía de hospedar durante una semana, sino que me llevó a un buen hotel. Al llegar, le pregunté que porqué me había llevado a ese hotel y no al otro sitio hablado con anterioridad y su respuesta fue: " Usted se ha portado muy bien conmigo y con mi familia, siempre que lo hemos necesitado nos ha ayudado, pues esta vez mi papá y yo queremos honrarlo y agradecerle su atención y hemos decidido hospedarlo acá con todos los gastos pagados y todos los días lo vamos a recoger a la hora que usted nos diga y llevarlo a donde necesite ir." Y añadió: "Y no se le ocurra decir que no a todo lo que estamos haciendo, ya que nos sentimos alegres de poder hacerlo." Naturalmente agradecí el gesto y me dispuse a disfrutar de mi cosecha durante esa semana. Haga un plan de siembra, escoja siempre buena semilla y estará preparando un buen futuro.

Capítulo X

TODA SIEMBRA COMIENZA EN LA MENTE.

En mi libro *La Importancia de Nuestros Pensamientos*, desarrollé a lo largo del mismo, el tema que toda persona, en condiciones normales, primero piensa, luego habla y por último actúa en concordancia a su pensar y hablar. Y, que apartando las acciones que el ser humano realiza por instinto o en condiciones extremas, toda acción realizada por nosotros los seres humanos, ha sido precedida por un pensamiento que ha encontrado aceptación en nuestro interior, lo hemos sopesado y al final lo hemos llevado a la práctica. Hay una expresión que ilustra esta afirmación y es aquella que se le dice a una persona que está por tomar una decisión y es: piénsalo dos veces. O la que se le hace en forma de pregunta: ¿ya lo pensaste? Lo mismo ocurre con la siembra. Ya sabemos que cualquier acción que tomemos, cualquier decisión llevada a la práctica, por el principio bíblico antes expuesto, se convierte en una siembra que a la postre dará una cosecha, la cual será buena o mala, dependiendo de lo que hayamos sembrado. Por esto en este capítulo deseo llamar su atención para que reconozca que tipos de pensamientos tiene usted. Todo pensamiento que tenga cabida en nuestra mente, por la acción de la repetición, nos induce a un determinado comportamiento, y éste a su vez se transforma en un hábito; el cual nos lleva a realizar cosas rutinariamente, sin observarlas bien, sin pensarlas, sin analizarla, las cuales se convierten en siembras . Por eso es que los hábitos son difíciles de cambiar. Porque son pensamientos acumulados, repetitivos y fortalecidos con el pasar de los días, que luego para cambiarlos, la persona tiene que hacer uso de su voluntad en querer cambiar, y lo primero que debe hacer es eliminar los tipos de pensamientos que ha alimentado por mucho tiempo en su vida. Por ejemplo una persona que alberga pensamientos de egoísmo, que primero es lo de él, que no le gusta compartir, que su mente está llena con pensamientos de temor, en el sentido que piensa que si da o comparte se va a quedar sin nada más adelante, lamentablemente, aunque en su pensar busca es protegerse en una forma no sana, termina perjudicándose, ya que esos tipos de pensamientos solo lo han llevado a sembrar malas semillas y eso lo llevará irremediablemente a tener una mala cosecha con el correr del tiempo. Otro ejemplo, es la persona que cae en adulterio. Esa acción de adulterar la relación que tiene con su pareja, de ahí viene la palabra adulterio, nació de un pensamiento que se repitió en la mente del adultero, lo consolidó en su interior, buscó la forma de materializarlo y temporalmente piensa que está disfrutando de esa relación insana, que va a salir bien librado, que nadie se va a enterar, etc, y lo que no sabe que es una muy mala siembra, que dependiendo de la magnitud de la misma y el tiempo que la cultivó, obtendrá una cosecha devastadora. La experiencia que se ha visto en los que siembran la semilla del adulterio, es que a unos les ha costado la salud, a otros el matrimonio, a otros le ha afectado en lo económico, otros han perdido el afecto de los suyos y el respeto, otros han sufrido todos estos efectos juntos y algunos y en no pocos casos, su cosecha los han llevado a la muerte. Y todo comenzó por unos pensamientos insanos que hallaron cabida en la mente y fueron alimentados al extremo de hacerse fuertes y dominar la conducta de la persona que los alimentó en su interior. Lo mismo ocurre con el que tiene pensamientos de avaricia, mentira, maldad, venganza, ansiedad, angustia, de baja auto estima, etc. Todos estos tipos de pensamientos sino se corrigen a tiempo y se expulsan de la mente, terminarán dominando a quien los posee, habituándose a un tipo de vida no deseable, siendo en última instancia una persona caracterizada por obtener malas cosechas a lo largo de su vida y siempre buscando culpables por su mala situación, sin nunca reconocer que el único responsable de su situación, es él mismo, por albergar pensamientos, que en vez de motivarlo y retarlo para salir adelante, tiene solamente malos pensamientos que a la larga se le convierten en verdaderas rémoras que cada día lo hunden o le imposibilitan el avance.

Esto de los pensamientos es tan importante conocerlo y tomarlo en cuenta, pues hasta Dios mismo habla en su palabra que Él tiene pensamientos de bien para la humanidad. Veamos textualmente como dice la Biblia en la versión Reina-Valera: "Porque yo sé los pensamientos que tengo acerca de vosotros, dice Jehová, pensamientos de paz, y no de mal, para daros el fin que esperáis." (Jeremías 29:11 RVR1960). Fíjese como Dios dice, que lo que tiene es pensamientos de paz y no de mal, ese es el ejemplo que Él nos da. Tener buenos pensamientos, para que en nuestra vidas, por la repetición y el accionar de esos buenos pensamientos, estos con el tiempo se transformen en buenos hábitos, los cuales nos llevarán en forma automática a realizar buenas acciones, las que se traducen en buenas siembras y nos darán al final unas muy buenas cosechas, y se cumpla en nosotros la parte final del versículo citado que dice que vamos a recibir el fin que esperamos. Y todos en condiciones normales, esperamos un final feliz, de salud, abundancia, en buena compañía y con la bendición de Dios en nuestras vidas, que es la que enriquece y no trae tristeza alguna.

Todo comienza en nuestra mente. Nadie puede tener pensamientos de pobreza y escasez y esperar que a su vida llegue la abundancia. Revise sus pensamientos. Una forma de revisar sus pensamientos es escuchándose usted hablar; recuerde que se habla lo que se piensa, luego hágase el firme propósito de cambiar ese vocabulario, eso lo va a llevar a tener más cuidado al hablar, como consecuencia de ello, usted pondrá más cuidado a sus palabras y esto solo lo logrará pensando; al pensar escogerá lo que va a decir y al hacerlo constantemente, se le hará algo rutinario, convirtiéndose entonces en un buen hábito que lo llevará a buenas siembras para obtener buenas cosechas.

"Los pensamientos del diligente ciertamente tienden a la abundancia; mas todo el que se apresura alocadamente, de cierto va a la pobreza". (Proverbios 21:5 RVR1960) Según este proverbio lo que lleva a una persona a la abundancia, son sus pensamientos. Me llama la atención que no dice que son sus estudios, sus fuerzas, habilidades, conocimientos, destrezas, sino sus pensamientos. Aunque no estoy desdeñando lo enumerado anteriormente, si sé que sin pensamientos motivadores, que induzcan a las personas a realizar buenas acciones de toda índole, de nada vale el estudio, conocimiento, habilidades y destrezas. Conozco muchos profesionales viviendo en necesidades, con apremios económicos; muy letrados y hasta habilidosos, pero sus pensamientos negativos se le han convertidos en verdaderas fortalezas, que no los dejan avanzar. Recomiendo ampliamente la lectura del libro Padre Rico Padre Pobre de Robert Kiyosaki, donde él, muy acertadamente aborda y ahonda este tema, en relación a la forma de pensar y de ver la vida.

"A Jehová presta el que da al pobre, y el bien que ha hecho, se lo volverá a pagar." (Proverbios 19:17 RVR1960) Lea bien lo que dice ese texto. Pues en él hay una promesa de bendición oculta. Dios dice: si le das al pobre, es como si me prestaras dinero o una ayuda a mi, y lo que has hecho, yo te lo pagaré. Lo tomo como un préstamo a mi persona.- No hay ninguna condición, solo que si le damos al pobre, Dios lo toma como un préstamo a Él y Él nos los pagará. Yo había leído ese texto muchas veces, pero cuando por ejemplo alguien necesitado en la calle, como un mendigo me solicitaba una ayuda económica, yo le preguntaba para que iba a usar el dinero que me estaba pidiendo. Le hablaba primero, le decía que cuidado con darle un uso indebido de lo que le estaba dando, que no fuese a comprar licor, ni cigarros, ni esto ni aquello. Y luego procedía a ayudarlo con algo de dinero. A veces solo con pensar que iba a comprar cosas indebidas, me bastaba para no darle dinero. Todo lo condicionaba a mi manera de pensar. Hasta que un día, gracias al Señor, pude ver claramente lo que Dios dice en su palabra. Solo dice que si le doy al pobre, Él lo toma como un préstamo personal y me lo pagará luego. No habla de imponer condiciones para el que está pidiendo, habla es de bendición para el que está dando. Desde ese día en adelante, cada vez que veo una persona necesitada, en la calle sobre todo, un mendigo por ejemplo, voy y le ayudo e internamente le digo a Dios con una sonrisa en mis labios: Dios le acabo de hacer un pequeño préstamo, anótelo y téngalo presente y cuando vea que lo necesite por favor páguemelo. ¿Entiende lo que quiero decirle? Mis pensamientos me limitaban y me alejaban de recibir una bendición prometida por Dios para mi vida. Mis pensamientos me alejaban de realizar una buena siembra, mis pensamientos me inducían a no aprovechar una oportunidad de enviar una buena semilla a mi futuro. Gracias a Dios por permitirme entender esto, que en mis pensamientos es donde comienza toda buena siembra. Espero y confío en el Señor que usted a partir de ahora también lo comprenda, y lo ponga por obra para bendición de su vida.

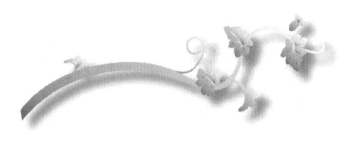

Capítulo XI

SEMBRANDO CONSCIENTEMENTE.

Todo agricultor siempre se especializa en una siembra específica. Si es tomate, por ejemplo, se documenta en todo lo relacionado al tomate, o sea, se informa del tipo de tomate a sembrar, calidad de la semilla, tiempo en el que hay que sembrarla, clase de suelo en dónde hay que sembrar esa semilla, tiempo en que se da el tomate, plagas que lo dañan, cantidad de agua a regarle, fertilizante a usar, etc. Luego viene el estudio de cómo recogerlo, que herramientas necesita, como transportarlo, dónde almacenarlo, y por último, cómo, dónde, a quién y a que precio lo va distribuir. Esto es lo que se llama sembrar conscientemente, saber que se va a sembrar, disponerse a hacerlo bien y prepararse para la cosecha a fin de que no se pierda nada de la misma. De igual forma, nosotros los seres humanos, debemos estar consciente de que tipo de semillas vamos a sembrar y estar listos para recoger la cosecha y minimizar lo más posible cualquier perdida de lo sembrado. Ya sabemos que toda acción se convierte en una siembra que en el futuro será nuestra cosecha, ahora piense usted por un momento si se decide conscientemente a sembrar buenas semillas a lo largo de su vida, lo que le espera es una buena vejez.

Con base a lo explicado anteriormente quiero llamar su atención sobre algunos aspectos de su vida en los cuales debe poner mucha atención, en ver que tipo de semillas está sembrando.

1.- SEMBRANDO AMOR EN EL HOGAR.

No hay nada más agradable que un hogar. Muchos tienen casa donde vivir, pero no todos tienen un hogar. He escuchado muchas veces a personas decir que su casa es un infierno, otros me han confesado que se quedan a trabajar horas demás en su trabajo no por el dinero sino por no llegar a su casa, ya que ahí no hay paz ni se puede descansar. Otros se angustian solo de pensar que un miembro determinado de la familia ya está por llegar a la casa. Casas donde se maldice, donde los integrantes de esa casa viven en una pelea constante, no se le puede llamar hogar. Hogar es el lugar de descanso de todos los miembros que lo integran, es un sitio de comunión, de armonía, donde buscan ayudarse todos sin egoísmo, donde todos aportan una solución frente a una situación planteada. Todos hemos escuchado la frase "hogar, dulce hogar", y esa expresión da entender algo bueno, agradable y que causa deleite. Ahora un hogar no nace solo, ni se forma por arte de magia. Es el resultado de una siembra de valores y actitudes en forma consciente, lo que al pasar del tiempo da como fruto un hogar en toda la extensión de palabra. Cuando una pareja se une en el vínculo sagrado del matrimonio y recibe la bendición de Dios, su único fin es el de formar un hogar, a donde luego vendrán los hijos a disfrutar y a la vez a dar vida a ese hogar que está en construcción. Por eso la primera y gran semilla que se debe sembrar para que florezca un hogar, dulce hogar, es la semilla del amor. El amor, contrario a los que muchos creen, es una decisión y no un sentimiento. Ciertamente al conocerse dos personas de sexos opuestos, lo primero que nace o sale a flote es una atracción, sea por lo físico, por como habla, como se viste, su sonrisa, etc. Luego esa atracción es alimentada por sensaciones agradables en el cuerpo, las cuales los impulsan a querer estar juntos la mayor cantidad de tiempo posible; luego esa atracción se incrementa por las cosas comunes o afines que puedan tener y se termina fortaleciendo una relación que comenzó por una atracción. Si eso fuera el amor, todos estaríamos mal, pues al acabarse dicha atracción con el pasar de los días, meses y años, entonces se tendría la excusa perfecta para separarse o divorciarse al decir que se les acabó el amor o sencillamente que ya no ama a su pareja. Para luego comenzar de nuevo el mismo ciclo de sentirse atraído o atraída por otra persona, sentir las mismas sensaciones agradables en su cuerpo, fortalecer las relaciones y terminar casándose en el mejor de los casos o viviendo en concubinato, solo para descubrir que al pasar del tiempo se le volvió a acabar el amor y vuelve a repetir el ciclo, cargando su vida con malas experiencias, lo cual hará a esa persona de mal genio y egoísta, que solo buscará llenar sus necesidades, recelando siempre de los demás por sus malas y pasadas experiencias. En cambio el amor es la decisión que se toma conscientemente de amar a la persona a quien después de haberla conocido y sentir una atracción por ella y sentirse bien con su presencia, llega al acto sagrado del matrimonio, obteniendo la bendición de Dios para formar un hogar. Esa persona decide amar, querer, respetar y ayudar a su pareja, resaltando sus virtudes y trabajando en sus debilidades. Si dos personas que se casan llegan con este conocimiento de lo que es el amor, entonces están bien encaminados a formar un hogar, ya que están sembrando buenas semillas que a la larga darán como cosecha un hogar dulce hogar. Tristemente en la actualidad muchas personas se casan contando con que la otra persona lo va a hacer feliz, el problema es que su pareja también se está casando contando con que su cónyuge lo va a hacer feliz y el resultado es que se encuentran dos personas infelices esperando que el otro la haga feliz. Entonces pregunto: ¿Cómo una persona infeliz puede hacer feliz a otro infeliz? Mi consejo siempre es que sea feliz sin la necesidad de alguien a su lado y llegue al matrimonio feliz y no buscando que lo hagan feliz, pues de lo contrario, tiene asegurado el fracaso matrimonial al acabarse lo que supuestamente llaman amor. La Biblia define el amor de la siguiente manera: "Tener amor es saber soportar; es ser bondadoso; es no tener envidia, ni ser presumido, ni orgulloso, ni grosero, ni egoísta; es no enojarse ni guardar rencor; es no alegrarse de las injusticias, sino de la verdad. Tener amor es sufrirlo todo, creerlo todo, esperarlo todo, soportarlo todo." (1 Corintios 13:4-7 DHH) En estos días leí una ilustración referente al matrimonio que me llamó la atención. A una señora de edad avanzada le preguntaron como ella y su esposo habían podido llegar a más de cincuenta años de casados, a lo que respondió: " Soy de una generación de la que enseñaban que si algo se dañaba o se rompía, no se botaba sino que se buscaba repararla". Me gustó mucho esa respuesta pues es muy cierto. En esta era moderna, toda desavenencia, toda situación problemática en el matrimonio, se quiere arreglar con el divorcio, con la separación y no con el trabajo arduo de buscar como resolver esa situación, como reparar lo dañado. Esto lo que refleja es la falta de amor de una de las partes o de ambas, que por su egoísmo no quiere ceder en su posición y en su razón. La Biblia enseña en Proverbios 10:12 que el amor perdona todas las faltas. Por eso es necesario sembrar amor en el matrimonio para poder cosechar amor y por consiguiente el debido perdón para cuando por cualquier motivo se cometa una falta. Y que esa falta sea perdonada, como fruto de su siembra de amor.

2. SEMBRANDO RESPETO POR DOQUIER.

Todo ser humano, por tan solo ser un ser humano, tiene el derecho a ser respetado por los demás; en su forma de ser, de comportarse, de hablar , de vestirse, de su credo, afiliación política, etc. El respeto es la clave para toda relación interpersonal, para resolver conflictos, para llegar a acuerdos y fijar posiciones generales o consensuales. La falta de respeto trae contiendas, desprecio y desinterés en toda relación, sea personal o de negocios. El respeto por el contrario da confianza y permite a cada quien exponer su punto de vista sin correr ningún riesgo a ser relegado o rechazado. Sabiendo lo anterior, entonces se debe prestar mucha atención al igual que al amor, en tener una predisposición muy consciente de sembrarlo en todo momento, lugar y situación, y sobre todo en el hogar. Y dispénseme por favor que insista en lo del hogar, pues considero que si alguien triunfa en cualquier ámbito de la vida, sea en lo social, político, económico, religioso, etc, pero tiene un mal hogar o su triunfo no abarca ni contempla a los miembros de su casa, no se ha obtenido ningún éxito verdadero o que valga la pena. Muchas personas sacrifican a su familia por un éxito personal, para a la larga darse cuenta que el precio fue muy alto y que no valió la pena. Por lo tanto se debe comenzar a sembrar respeto en el hogar, luego se debe extender a todo lugar, momento y ocasión como dije antes, para así obtener una cosecha de respeto en el futuro. Siembre respeto en su pareja, en sus hijos, en sus compañeros de trabajo, de estudios, en fin en toda persona con la cual usted diariamente ínter actúe. El respeto consiste básicamente en reconocer que somos diferentes, pensamos diferentes, actuamos diferentes y que tenemos gustos y decisiones diferentes a las de otras personas y que esas otras personas hacen cosas diferentes a las nuestras. Además el hecho de que alguien sea autoridad sobre otra persona , ejemplo un padre sobre su hijo, no le da derecho a ese padre a irrespetar la posición diferente de su hijo. Donde hay respeto hay consideración, hay aceptación y entendimiento. El respeto abre puertas, el irrespeto las cierra. El respeto agrada, el irrespeto es desagradable. El respetar da buena fama. El respeto no hace diferencias y trata a todos por igual. Se cuenta la historia de una reunión de unos políticos que estaban tratando un tema y en un momento de descanso, uno de ellos dijo lo siguiente: "aprovechando que no hay damas presente les voy a contar un chiste subido de tono", a lo cual respondió otro de los presentes: "ciertamente no hay damas pero si hay caballeros". Dicho esto, el que iba a contar el chiste se vio en la imperiosa necesidad de callar. Hay otras semillas importantes, como la comunicación y la consideración, donde es necesario estar consciente de sembrarlas, pero considero de mucha importancia las dos anteriores que expuse. Comience con estas dos y le auguro una buena cosecha en su vida.

Capítulo XII

COSECHANDO LO NO SEMBRADO.

Si usted ha estado leyendo este libro, ya debe saber porqué muchas cosas han acontecido en su vida. Ya sabe que sencillamente se ha activado el principio bíblico de la siembra y la cosecha. Pero también se debe estar diciendo que hay cosas que han llegado a su vida que usted no ha sembrado, que está seguro de ello y quiere saber entonces porqué han llegado a su vida. Y si, es cierto que hay cosas que han llegado a nuestras vidas que ciertamente no hemos sembrado y decimos a los cuatro vientos que es injusto lo que nos está ocurriendo. Primero le digo que no es el único a quien le ha sucedido esto, a mí y a muchos nos ha pasado, que ha llegado una cosecha a nuestras vidas que estamos seguros no la hemos sembrado. La respuesta a esta situación tiene su explicación por las muchas personas que tienen un corazón malvado y perverso y que desean nuestro mal y buscan por todos los medios perturbar a las demás personas que los rodean con malas acciones. El Señor Jesús contó una historia en relación a que a veces se cosecha lo que no se ha sembrado de esta manera:

"Les refirió otra parábola, diciendo: El reino de los cielos es semejante a un hombre que sembró buena semilla en su campo; pero mientras dormían los hombres, vino su enemigo y sembró cizaña entre el trigo, y se fue. Y cuando salió la hierba y dio fruto, entonces apareció también la cizaña. Vinieron entonces los siervos del padre de familia y le dijeron: Señor, ¿no sembraste buena semilla en tu campo? ¿De dónde, pues, tiene cizaña? Él les dijo: Un enemigo ha hecho esto. Y los siervos le dijeron: ¿Quieres, pues, que vayamos y la arranquemos?" (S. Mateo 13:24-28 RVR1960) Mire la respuesta del hombre: Un enemigo ha hecho esto. Este hombre había sembrado trigo, una buena semilla, y aunque cosechó el trigo, también cosechó cizaña que él no había sembrado. Los enemigos siempre buscan dañar lo bueno de terceras personas, el relato bíblico dice que este hombre malvado vino de noche mientras dormían, es decir, lo hizo oculto. Podemos decir hoy que los enemigos buscan destruir lo suyo bajo engaño, con ardides, lisonjas, subrepticiamente, en forma solapada, cobardemente, con la sola intención de dañar, robar y perturbar su buena cosecha. Si usted sigue leyendo el relato bíblico verá que el hombre bueno recogió su cosecha de trigo guardándola en un granero y, la mala hierba, o sea la cizaña, fue recogida y enviada al fuego. Dando a entender que lo bueno permanece y lo malo pasa y desaparece. Si este es su caso, mi consejo es que se concentre en la buena semilla que sembró y no permita que una mala acción de un tercero o varios terceros lo desvíen de su buena cosecha. Disfrute su buena cosecha y sepa que lo malo pronto va a pasar y quien le hizo a usted la mala siembra, a su tiempo tendrá que recoger en su vida y multiplicada su cosecha de maldad.

Otra explicación de porqué malas cosechas llegan a nuestras vidas, radica en la envidia que despiertan los éxitos de una persona en terceros. Hay personas a su alrededor que envidian lo que usted tiene; y no hablo solo de cosas materiales como el dinero, casa, carro, etc, este tipo de personas envidian hasta su hogar, envidian el buen comportamiento de sus hijos, la alegría en su vida, su salud, sus vacaciones, su empleo, sus logros académicos, en fin envidian todo lo que ellos ven en usted que ellos no tienen y desean tenerlo a toda costa. Y si no lo pueden tener entonces buscan la forma y manera de destruir lo suyo a cualquier costo. Conozco un caso muy de cerca de una señora en Venezuela, creyente en Cristo, que tiene tres hijas, actualmente adultas, casadas y con hijos, pero que en su edad juvenil, en su trato con las demás personas, eran muy apreciadas y todos tenían que ver con ellas. Iban a su casa, en el liceo eran populares, carismáticas, y todos los muchachos del sector donde vivían tenían trato con ellas, las querían, defendían y admiraban. Todo ese carisma de estas tres muchachas despertó la envidia en una vecina de ellas. ¿Cómo se supo que le tenía envidia a las muchachas? Le cuento: Un día se presentó la vecina en casa de la mamá de las muchachas diciéndole que quería hablar con ellas, la señora la hizo pasar y este fue el relato de la vecina envidiosa:

Señora vengo a pedirle perdón y a que ore por mi hija, ya que yo al ver como todos tratan a sus hijas, tuve envidia de ellas ya que a mi hija no la tratan así, ni la quieren, ni la cuidan ni la defienden los muchachos. Entonces fui a que una mujer que practica la brujería y le explique lo que estaba pasando y le dije que le echara una brujería y que pusiera a las tres hermanas piojosas hasta el punto que nadie quisiera estar con ellas y que ni siquiera pudieran salir a la calle a causa de la cantidad de piojos. Resulta que esta bruja hizo el trabajo de brujería, pero ahora las que estamos piojosas somos mi hija y yo, y es tal la cantidad de piojos, que nos estamos volviendo locas. Fui a la bruja y le dije que se equivocó y que los piojos los tenemos nosotras y no sus hijas, a lo que me contestó que ella no se había equivocado, sino que a esas muchachas las protegía un poder mayor al de ella y que no permitía que le cayeran los piojos enviados por ella, y que la única forma de librarse de esos piojos era ir a la casa de su vecina, confesar lo que hizo por envidia, pedir perdón y esperar a que la señora orara a Dios por ella y su hija. A lo cual la señora acepto y al orar por ella, al otro día amanecieron sin piojos. Aunque en este relato, el cual doy fe que es cierto, ya que conozco a las muchachas y a la mamá de ellas, no les llegó la mala siembra, quiero resaltar la malas semillas que por envidia puede alguien lanzar a nuestra vida y por algún tiempo llegarnos una mala cosecha no sembrada por nosotros.

Mire lo que la Biblia dice de la envidia: "La mente tranquila es vida para el cuerpo, pero la envidia corroe hasta los huesos." (Proverbios 14:30 DHH) Corroe hasta los huesos, no es que muerde, es que corroe hasta los huesos, es decir la envidia poco a poco se va apoderando de las personas y las martiriza (corroe) mentalmente, les roba la alegría, la paz, no le permite disfrutar lo que tiene ya que sufre viendo lo que poseen los demás. Piensan que ellos se merecen lo que a otros les ha costado tiempo, esfuerzo y sacrificio. Y esa corrosión del alma, mente y espíritu los lleva a hacer cosas impensables como el asesinar, robar y destruir. Ese fue el caso del Señor Jesús, de quien dice la Biblia, jamás peco ni se halló engaño en su boca y sin embargo por envidia lo tomaron preso y lo condenaron a la crucifixión. El relato bíblico lo expresa de esta manera: "Pilato les contestó: —¿Quieren ustedes que les ponga en libertad al Rey de los judíos? Porque se daba cuenta de que los jefes de los sacerdotes lo habían entregado por envidia." (San Marcos 15:9, 10 DHH) ¿Se da cuenta? Fue por envidia que entregaron al Sr. Jesús las autoridades religiosas de la época. ¿Envidia de qué? De la buena fama que tenía Jesús, de su amor por las personas, de su honradez, de como la gente lo buscaba. De eso, el sumo sacerdote y todos los religiosos contemporáneos con Jesús, tenían envidia. Y por eso lo acusaron ante Pilatos, prefiriendo que dejaran libre a un asesino como Barrabás y que crucificaran a Jesús. Pero como le dije anteriormente, esa mala cosecha duró poco en la vida del Señor Jesús, pues al tercer día de haberlo crucificado resucitó con poder y gloria y hoy vive por los siglos de los siglos. Recuerde que toda mala cosecha que llegue a su vida y usted sabe y está seguro que no la sembró, durará poco en usted.

Hace años fui traicionado de la forma más baja posible por personas a las que les guardaba afecto y había ayudado en muchas ocasiones durante mucho tiempo. Para mi eran gente de mi confianza. Lo que ignoraba era que mi éxito les estaba causando envidia y les estaba corroyendo el corazón y, en la primera oportunidad que tuvieron me traicionaron. ¿Me dolió? Muchísimo. Pero esa traición me enseñó bastante, aprendí acerca del comportamiento humano, acerca de la envidia y los malos deseos y hoy por hoy estoy recuperado de esa traición. Esa mala cosecha duró poco en mi vida. De esas personas actualmente no se nada; lo que si se es que a su tiempo tendrán que cosechar y multiplicadas las semillas de traición que sembraron.

Otra explicación para que lleguen a nuestras vidas malas cosechas no sembradas por nosotros la encontramos en las injusticias de la vida causadas por hombres y mujeres con corazones perversos, por los que abusan del poder y de su autoridad, que en vez de usar sus posiciones para ayudar al bienestar de terceros, lo hacen es buscando un beneficio personal no importándoles el daño que causen a otros.

A veces tratar de detener una mala cosecha no sembrada por nosotros, es una tarea ardua y por demás difícil de detectar en muchas ocasiones. Ya que esas malas siembras las hacen a nuestras espaldas, con sigilo, usando de hipocresía, con falsedades, diciendo medias verdades y disimulando toda acción. Hablando de buenas y malas semillas, la Biblia hace la comparación con el trigo y la cizaña; ya que la cizaña se parece mucho al trigo, tanto en su semilla y hasta al brotar su tallo son casi idénticas, sin ninguna diferencia sustancial que las haga ver diferentes. La gran diferencia se nota es cuando las dos plantas abren sus espigas para dar cada una su fruto. Ahí es que se ve claramente la diferencias de que una es trigo y otra es cizaña. Lo mismo pasa con terceros que usan malas semillas. Usan de camuflaje, se confunden en su forma con algo bueno, usan muy bien las apariencias, solo al final, y por sus frutos es que uno se da cuenta de la mala hierba que en verdad son.

Haga como el hombre del relato de Jesús, no dañe su buena siembra, recoja su buena cosecha y al final recoja la mala hierba, esa mala cosecha y échela fuera de su vida, confíe en Dios y no permita que una mala cosecha, no sembrada por usted lo induzca a ser mañana un mal sembrador. Venza las malas siembras de terceros con buenas siembras.

Capítulo XIII

SEMBRANDO SELECTIVAMENTE.

Ya usted debe saber sin ninguna duda, que todo lo que el hombre siembra, eso es lo que cosechará multiplicado. Y que toda acción consciente o inconscientemente que realicemos en forma periódica, se convierte en una siembra. Ahora deseo llamar su atención para que se disponga a sembrar selectivamente en determinadas personas, instituciones o fundaciones, que usted esté seguro tienen una buena finalidad en su visión, y que la estén llevando a cabo. ¿Cómo saber si alguna visión tiene el visto bueno de Dios, para uno sembrar en ella, ya sea tiempo, recursos, dinero, etc? Respuesta: Si esa visión bendice a terceras personas, es útil a la sociedad y para la consecución de su fin no violenta los principios bíblicos, entonces esa visión tiene el visto bueno de Dios para operar y es un buen terreno para sembrar. Permítame explicarle mejor lo de sembrar selectivamente. Todos sabemos que hay diferentes tipos de suelos y que cada uno sirve para algo específico. La clasificación general de los suelos es: suelos no evolucionados, suelos pocos evolucionados y suelos evolucionados. Luego esa clasificación se abre a suelos arenosos, arcillosos, limosos, margosos, gredosos y pantanosos. Luego se clasifican por su composición química y nutrientes en ellos, y así sucesivamente. En resumen toda esa clasificación lo que nos enseña es que hay suelos que son muy buenos para la siembra, otros no muy buenos y otros no aptos para la siembra. Y todo agricultor antes de sembrar, estudia o busca conocer que tipo de suelo es donde piensa realizar su siembra. Y aún sabiendo que el suelo es bueno, debe saber que ese tipo o clase de suelo puede ser bueno para una determinada semilla y no muy bueno para otra semilla. Y donde el suelo es rico en nutrientes, esa es señal que ese suelo es bueno para sembrar, siendo lo contrario en un suelo bajo o pobre en nutrientes, es señal inequívoca que no se debe sembrar en èl, pues se corre el riesgo de perder toda o parte de la siembra. Así mismo resulta en relación al tema que venimos desarrollando. Ciertamente debemos ayudar a todo al que podamos hacerlo sin importar quien sea la persona. Quién necesite ayuda y está en nuestras manos, ayudemos. Pero cuando vayamos a sembrar conscientemente, debemos ser selectivos para saber dónde, en quien y porqué vamos a sembrar ahí. No es lo mismo sembrar en una persona mal agradecida que en una agradecida. No es igual sembrar en una persona humilde que en una persona orgullosa y arrogante. Incluso la Biblia dice que debemos hacer bien a todos pero mayormente a la familia de la fe. El verso bíblico dice así: "Por eso, siempre que podamos, hagamos bien a todos, y especialmente a nuestros hermanos en la fe." (Gálatas 6:10 DHH) Es decir hay que saber donde sembrar. Y tenemos permiso de Dios para seleccionar donde lo vamos a hacer. No es igual sembrar en una persona administrativamente desordenada que en una persona bien ordenada en su administración. Entienda lo que le quiero decir y comprenda la comparación que le estoy dando. La semilla nos dice que tipo de frutos vamos a cosechar, la cantidad de la misma nos dice la proporción a recoger, pero el tipo de suelo nos asegura la cosecha en un ciento por ciento. Y así como se busca sembrar en un suelo rico en nutrientes así mismo se debe buscar a personas bien administradas, prósperas y con una buena visión para sembrar en ellas. Alguien podrá decir que eso es interés y le respondo que si lo es, pero es un interés sano, legal y natural, que lo podemos llamar motivación. Le explico. Los bancos reciben su dinero porque lo necesitan para ponerlo a producir y de esa ganancia a usted le dan un dinero extra al final del mes llamado interés. Eso es sano, legal y natural. Usted trabaja no por amor al arte sino por un salario que le pagan a usted semanal, quincenal o mensual y eso es sano, legal y natural. El transporte público o privado que lo traslada a usted diariamente a su trabajo y luego al final del día lo devuelve a su casa, lo hace por un interés de un pago de pasaje, lo cual es sano, legal y natural. Usted trabaja por la motivación del salario con el cual va a suplir sus necesidades, el transportista lo lleva y lo trae por el pago que usted le hace porque ese es su salario con el cual él es motivado para suplir sus necesidades. Lo mismo ocurre con el que vende un producto, el que renta una casa o vehículo, lo hacen esperando algo a cambio. Lo mismo le acontece al sembrador, él escoge el terreno con mucho cuidado, compra o busca la semilla, espera el tiempo correcto, cuida la semilla sembrada, la riega, y hace todo eso esperando obtener una cosecha, la cual mientras más grande y abundante sea, será de más agrado y bendición para el agricultor. Espero le haya quedado claro lo del interés.

Mi esposa y yo sembramos selectivamente y hemos obtenido unas muy buenas cosechas. En una oportunidad quería sembrar en una persona que yo sabía era buen terreno y todavía lo es, pero no quería que esa persona se enterara, así que hable con su esposa y le explique lo que quería hacer y le solicité por favor me consiguiera el número de cuenta de su esposo para hacerle una siembra, y le pedí por favor que no le dijera nada a él, a lo que ella accedió. En varias oportunidades fui al banco y le deposité sin que él supiera. ¿Resultado de esa siembra? Al cabo de un tiempo apareció en mi cuenta bancaria un depósito por una buena cantidad de dinero y hasta el día de hoy no se quien lo hizo, pues al comentarle a mi esposa lo del depósito me dijo que ella sabía quien era, pues la persona le había pedido mi número de cuenta sin que yo me enterara para hacerme un depósito. Y me dijo que no iba a decir quien era ya que se había comprometido a no decirlo. ¿Se da cuenta? Queda en usted creer o no lo que le estoy contando. Coseché exactamente como yo había sembrado. La ley de la siembra y la cosecha funciona. Nadie siembra en suelos pobres que sabe que no darán una buena cosecha. Por lo tanto cuando vaya a sembrar selectivamente, una vez más le digo, fíjese bien en quien o en donde va a sembrar. Ayude a todo el que pueda, colabore con todo el mundo, esas son siembras, pero busque con mucho cuidado cuando vaya a sembrar algo específico. Hay una narración en la Biblia de una mujer que faltando una semana para la crucifixión del señor Jesús, derramó sobre Él un frasco de perfume de nardo puro, cuyo costo para aquel entonces era de trescientos denarios. Un denario era el pago de un día de trabajo, entonces este perfume costaba casi un año de trabajo de una persona, y está mujer lo derramó sobre Jesús. Ella se dio cuenta del buen terreno que era el Señor y sembró ese perfume en Él. Pregunto: ¿le hacía falta ese perfume a Jesús? ¿no tenía con que comprarlo? Las respuestas en ambos casos es no. Y sin embargo Jesús aceptó la ofrenda, sabiendo que a la larga, en un futuro, la beneficiada iba a ser la mujer. Acá hay una gran enseñanza, pues casi siempre se busca darle al pobre, al necesitado, y eso no está mal y más bien es un mandamiento bíblico de ayudar al pobre y al menesteroso, pero en cuestión de sembrar, de acuerdo a lo que se ha mencionado en relación a los diferentes tipos de suelos, es necesario no dejarnos llevar por las emociones, la lástima o la compasión y saber donde se va a sembrar selectivamente. ¿Qué estoy tratando de decir? ¿Qué no hay que ayudar al pobre y necesitado? No, eso no es lo que quiero decir. Podemos y como dije, debemos ayudar al pobre y necesitado, eso se nos cuenta como siembra, pero si vamos a sembrar con conciencia, selectivamente, buscando una buena y espléndida cosecha, entonces sí se debe buscar un buen suelo para hacerlo. Y que mejor suelo que una persona, institución o fundación que tenga una buena visión, buen comportamiento o trayectoria, buena administración y abundantes frutos en toda la extensión de la palabra. Fíjese que el pobre o la persona necesitada económicamente hablando tiene un comportamiento derrochador. O sea gasta en lo que no debe y no tiene prioridades en su vida y hogar, no usa de presupuesto y antepone sus deseos a sus valores y responsabilidades. Le explico, vea usted que hay personas que trabajan duro toda la semana y al cobrar su salario y antes de llegar a su hogar, se detienen en cualquier venta de licores a tomar con amigos, dejando parte de su sueldo y llegando luego con el salario incompleto a su hogar para hacerle frente a las responsabilidades adquiridas. Entonces luego viene el pedir prestado a uno, al otro, al otro; luego queriendo salir de esas deudas, busca al prestamista, quien le presta el dinero pero con un interés altísimo y en vez de salir de las deudas se hunde más en ellas. ¿Estoy en contra del sano esparcimiento? Claro que no, lo que estoy es en contra del desorden económico y la falta de juicio y cordura para saber que un esparcimiento no programado me traerá malas consecuencias a mi vida, económicamente hablando. Otro ejemplo es el de las personas que todo lo quieren tener y se endeudan comprando todo al mismo tiempo, con la excusa de que es necesario. Seguro que son necesarias muchas cosas en nuestra vida y hogar, pero para eso hay que aprender a priorizar, realizar un presupuesto y ahorro sostenido para comprar al contado o por lo menos tener un estimado de tiempo de cuando va a cancelar lo adquirido a crédito. Otros despilfarran todo porque hay que celebrar el cumpleaños, el aniversario, el nacimiento, etc, lo que no es malo hacer, siempre y cuando se tenga la previsión de ese evento y se haya hecho la buena provisión con tiempo para ello. Otros están en problemas por no escuchar consejos, por no prepararse bien, por no ahorrar, por ser personas pródigas, egoístas y altivas. Otros sufren penurias y escasez porque no les gusta trabajar ni esforzarse y todo lo quieren regalado o con el mínimo de esfuerzo posible. Pregunto entonces: ¿este tipo de personas califican para sembrar en ellas en forma selectiva y abundante? ¿Su vida grita que son buenos suelos para sembrar en ellos? Yo se que su respuesta es no. Pero me preguntará: ¿Podemos ayudarlos? Claro que si. Ayudarlos, hacerles ver su error y el porqué están así, aconsejarlos y darles una que otra ayuda económica. Volviendo a la historia bíblica de la mujer que derramó el perfume caro sobre el señor Jesús; Judas comenzó a murmurar de que se había hecho un despilfarro, ya que ese perfume se podía haber vendido y con el dinero ayudar a los pobres, Jesús le contestó que dejaran quieta a esa mujer ya que ella había hecho algo bueno y que a los pobres siempre los tendrían para ayudarlos pero a Él no. Jesús sabiendo el futuro y el comportamiento del ser humano sabía que pobres siempre iban a haber y que podrían ayudarlos en cualquier momento. Para concluir este capítulo deseo resumirles otra historia bíblica donde el señor Jesús narra que un hombre pudiente se fue de viaje por un largo tiempo pero antes de irse llamó a unos empleados y les dio dinero para que negociaran con ese dinero hasta que él regresara . A uno le dio cinco mil monedas a otro le dio dos mil monedas y a otro le dio mil monedas, esto de acuerdo a la capacidad de cada uno. Al volver el hombre llamó a sus empleados para que le rindieran cuentas de su dinero. Al llegar el primero le dijo; señor usted me dio cinco mil monedas, negocié con ellas y aquí están sus cinco mil monedas más cinco mil más que gané. El hombre se alegró con su empleado y le dijo pasa y alégrate conmigo. Luego llamó al segundo, quien le contesto de la misma forma; señor usted me dio dos mil monedas, yo negocié con ellas y gane dos mil monedas más, aquí están. Este empleado obtuvo la misma respuesta que le dieron al empleado anterior. Luego al venir el tercer empleado, este le dijo que no negoció con las monedas, que tuvo miedo de perder y en cambio tomó las monedas y las enterró. Y añadió: tome sus mil monedas. El hombre se molestó, lo llamó mal empleado, lo reprendió y dijo a su demás empleados: Quítenle las mil monedas y dénselas al que tiene diez mil, porque al que tiene, se le dará más, y tendrá de sobra, pero al que no tiene, hasta lo poco que tiene se le quitará. Mateo 25: 14 al 30. La enseñanza es que este hombre no era buen terreno para sembrar y lo poco que le dieron para multiplicarlo lo enterró y perdió de ganar y, por esa causa le quitaron lo poco que le habían dado, más al buen empleado que invirtió y multiplicó las monedas demostró ser un buen terreno y por eso el dueño le añadió mas dinero a su vida.

Conclusión: cuando consiga un buen terreno no deje nunca de sembrar en él, para que nunca deje de cosechar.

Capítulo XIV

UNA SOLA VIDA PARA SEMBRAR.

"Tengo una sola vida para disfrutarla, aquí y ahora con la bendición de Dios." Este es mi slogan personal ¿Leyó bien? Una sola vida. Todos tenemos sin excepción una sola vida, y eso de las siete vidas de los gatos, no es cierto. Todo ser vivo tiene una sola vida en este mundo. Los primeros años de la vida, cuando se es niño, son dirigidos o guiados por los padres o representantes legales, luego al pasar de los años la persona va tomando consciencia de las cosas, va entendiendo y razonando, y de ahí en adelante, su forma de vida, estilo y calidad de la misma va a depender de lo que esa persona haga con su vida. Es decir, lo que esa persona decida sembrar con sus acciones, eso marcará el tipo de cosecha a recibir y por ende la forma de vida a vivir. Nadie tiene dos vidas, solo una. Nadie es culpable por el estilo de vida de un tercero, todos somos responsables de nuestra forma y calidad de vida; por lo tanto es ahora mientras se está vivo que tenemos la oportunidad de sembrar buenas acciones para que al final de nuestros días , los vivamos alegres y saludables. Tristemente hay personas que lo que siembran para su vejez es enfermedad y desamparo. Enfermedad digo como por ejemplo, y es sabido de todos, que el cigarrillo da cáncer, cada cigarro contiene mas de sesenta agentes cancerígenos y, de hecho en Venezuela la ley obliga a las tabacaleras poner un aviso en las cajetillas de cigarros, diciendo que el fumar es nocivo para la salud. O sea, declarado por el fabricante y sabido por todos que el fumar cigarros produce cáncer, y sin embargo millones de personas a diario consumen millones de cigarros. Por lo tanto una persona que durante muchos años fumó equis cantidad de cigarros diarios, no puede pretender a futuro no padecer de alguna enfermedad relacionada con el fumar, casi siempre se ven afectados de la garganta, laringe, pulmones y de todo lo relacionado con las vías respiratorias. De igual forma sucede con las personas dadas al licor en demasía, terminan sufriendo del hígado y hasta hay personas que han muerto por eso. Si usted es una persona joven, aproveche esa juventud, y desde ya, comience a sembrar buenas semillas para obtener buenas cosechas cuando tenga una edad avanzada. Lo mismo pasa con su hogar, si usted es una persona casada, siembre bien en su hogar, en su cónyuge, en sus hijos, para que recoja buenos frutos al final de sus días, rodeado de sus personas queridas, pareja, hijos, nietos, bisnietos y tataranietos. Triste es ver a personas adultas con familias pero viviendo solas, ya que sembraron tan mal años atrás, que ahora su cosecha es la soledad, enfermos, abandonados, apretados económicamente, sin una mano amiga, viviendo de la caridad espontánea de terceros. Otros ni siquiera tienen el respeto de sus hijos, y todo se debe a la mala siembra que en su juventud y vida madura hicieron. Si usted se identifica con alguno de estos casos, todavía está a tiempo de corregir y comenzar a sembrar buenas semillas, ya que las malas cosechas cesan al acabarse las malas semillas, y serán reemplazadas por las buenas cosechas dadas por las buenas y nuevas semillas plantadas ahora por usted. Una semilla muy importante a sembrar es la semilla del perdón. Nunca debe faltar esa semilla en sus siembras. Todos somos imperfectos en nuestra conducta. Sin querer a veces ofendemos, humillamos sin darnos cuentas, solo que cuando somos nosotros los que fallamos, buscamos minimizar nuestra falta, argumentando que fue jugando, que no era para tanto, etc. Por eso si sembramos perdón, perdón cosecharemos.

Cuando digo sembrar perdón no solo estoy hablando de cuando alguien nos ofende o nos daña y luego viene a pedir perdón, de ese perdón ciertamente estoy hablando, pero también estoy hablando del perdón instantáneo, el perdón que no necesita ni espera que le pidan disculpas ni reconozcan que le hicieron mal. Hablo del perdón que está escrito en la Biblia en el libro de proverbios y que dice así: "El necio muestra en seguida su enojo; el prudente pasa por alto la ofensa." (Proverbios 12:16 DHH) Fíjese como dice: " el prudente pasa por alto la ofensa". Eso es lo que llamo el perdón instantáneo. El prudente rápidamente perdona, haciéndose el que no entendió, no dándole valor a lo que se le dijo, evitando peleas y contiendas innecesarias. Dejando en el olvido cualquier intención de ofenderlo, ya que el versículo no dice que no entendió, sino que se hizo, como decimos en Venezuela, el loco. Haciendo ver que no comprendió lo que le quisieron decir. En las relaciones interpersonales es necesario tener presente esta semilla, la del perdón instantáneo, pues sino, se corre el riesgo de vivir peleando con todo el mundo casi todos los días de su vida. Y recuerde que se tiene una sola vida para disfrutarla, aquí y ahora con la bendición de Dios.

Otra siembra que no debe faltar en su vida, es la siembra de un buen vocabulario. Mucha gente desconoce el poder de sus palabras. La Biblia enseña que Dios creó los mundos por medio de su palabra, y que nosotros, como somos hechos a su imagen y semejanza, también tenemos poder en nuestras palabras. La Biblia también afirma que nosotros, los seres humanos, con nuestra boca podemos bendecir y maldecir. Entonces debemos tener un buen vocabulario y sobre todo cuando hablemos de nosotros mismos y de nuestros hijos o cónyuge en el caso de los hombres casados. Cuando un padre o una madre habla mal de su hijo, diciéndole por ejemplo, que no sirve para nada, que es bruto, que no va a prosperar, etc, lo que está haciendo es sembrar malas semillas en el espíritu de ese niño o niña y eso lo perseguirá toda su vida, o hasta que crezca y pueda anular esa mala semilla que fue sembrada en su vida cuando niño. Decirse uno mismo que no va salir adelante, que no entiendo, que se es bruto, que siempre seré pobre, son semillas enviadas a su subconsciente y al repetirlas y repetirlas, el subconsciente las toma y registra como una verdad e inconscientemente actuamos de la manera en que se ha estado hablando. Ni siquiera jugando se debe hablar mal de sí mismo ni de nadie que esté bajo nuestra autoridad o cuidado, ya que el subconsciente no discierne cuando es jugando o cuando es en serio; él solo registra y registra lo que se está diciendo y sobre todo lo que se repite en todo momento. Permítame explicarle esto de una manera científica y sencilla a la vez. Un neurocirujano Israelí, cuyo nombre no recuerdo en este momento, sacó un artículo en una revista, donde exponía las conclusiones a las que había llegado en relación al lenguaje usado a diario por las personas. Él expuso en dicho artículo que el nervio principal que domina a todo el cuerpo es el nervio del lenguaje. Y decía por ejemplo que cuando una persona que estaba haciendo dieta, expresaba en su conversación que había perdido cuatro kilos, el nervio del lenguaje, registraba la información que se han perdido cuatro kilos y hay que reponerlos. Por eso es que entonces que con cualquier porción de comida, por muy poca que fuera, el cuerpo la asimila al máximo, ya que está recuperando los kilos que se perdieron. Lo mejor es decir boté cuatro kilos de mi cuerpo que no los necesitaba. Lo mismo pasa cuando la persona dice que está cansada, que no tiene fuerzas, entonces el cuerpo registra la orden de que no hay fuerzas y entonces todo el cuerpo responde a esa orden y de verdad el cuerpo se pone pesado y no tiene fuerzas para hacer las cosas. En el libro de los proverbios Dios enseña este descubrimiento de la forma más sencilla diciendo que uno queda atrapado con los dichos de su boca. Proverbios 6:2. Además las palabras maldicientes tienen lamentablemente la capacidad de trascender en el tiempo y cumplirse en personas que ni saben que hicieron sus antepasados. El ejemplo mas palpable está en la Biblia cuando narra el arresto del señor Jesús y en el momento en que Pilatos le pregunta al pueblo que quieren que haga con Jesús, ellos respondieron que lo crucificaran, a lo que Pilatos responde diciéndoles que él no encuentra delito en Jesús y que lo considera inocente, pero el pueblo respondió de nuevo diciendo: crucificale, su sangre sea sobre nosotros y sobre nuestros hijos. Y exactamente eso fue lo que ocurrió tiempo después. Roma atacó a Jerusalén y destruyó todo a su paso incluyendo hombres, mujeres y niños. ¿Se da cuenta? Tiempo atrás los padres de esta gente, los ataron a maldición diciendo que la sangre inocente de Jesús fuera sobre ellos y sobre sus hijos. Así que de ahora en adelante tenga un buen vocabulario, hable bien de su hogar, familia, estado, nación, de usted mismo, de sus posesiones, de su salud, de su economía, de su trabajo. Recuerde que usted solo tiene una sola vida, la cual es para disfrutarla aquí y ahora, con la bendición de Dios. Entonces ¿por qué destruirla y hacerla miserable con sus propias palabras? Sea una persona de la que todos quieran hablar con usted, que tiene una palabra de aliento, de motivación, de animo, de esperanza, de fe, de prosperidad, que siempre tiene un consejo a la mano. Distíngase por ser una persona con un vocabulario de bendición.

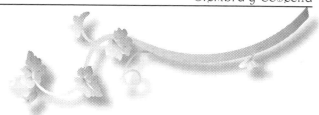

Capítulo XV

LA MEJOR SIEMBRA, EN EL MEJOR TERRENO PARA LA MEJOR COSECHA.

Todos buscamos y queremos tener una buena semilla para realizar una buena siembra en un buen terreno para obtener una abundante cosecha. Y lo podemos lograr. Una buena cosecha no es tanto la que da más frutos sino que aparte de dar muchos frutos, dichos frutos duren más. De esa cosecha quiero hablarle. El Sr Jesús en una oportunidad señaló cual era el mejor terreno para sembrar, lo expresó así: "No amontonen riquezas aquí en la tierra, donde la polilla destruye y las cosas se echan a perder, y donde los ladrones entran a robar. Más bien amontonen riquezas en el cielo, donde la polilla no destruye ni las cosas se echan a perder ni los ladrones entran a robar." (San Mateo 6:19, 20 DHH) El cielo es según Jesús el mejor terreno para sembrar. Y usted se preguntará; ¿cómo se hace para sembrar en el cielo? Nuevamente en las palabras del Señor Jesús encontramos la respuesta. Él dijo: "Así que no se preocupen, preguntándose: "¿Qué vamos a comer?" o "¿Qué vamos a beber?" o "¿Con qué vamos a vestirnos?" Todas estas cosas son las que preocupan a los paganos, pero ustedes tienen un Padre celestial que ya sabe que las necesitan. Por lo tanto, pongan toda su atención en el reino de los cielos y en hacer lo que es justo ante Dios, y recibirán también todas estas cosas."(San Mateo 6:31-33 DHH) Es decir, poner atención a los que Dios dice en relación al reino de los cielos, que es lo mismo que el reino de Dios, es lo que significa sembrar en el cielo. Todo lo que hagamos acá en la tierra en obediencia a Dios y su palabra, es una siembra directamente hecha en el cielo, de donde a su tiempo recibiremos nuestra cosecha. En la cita anterior se está hablando de las necesidades de las personas como el vestido, vivienda y comida, o sea la necesidades básicas y en ese pasaje se afirma que si buscamos la justicia de Dios y ponemos atención a las instrucciones dadas en el reino de los cielos, lo necesario para vivir será suplido por Dios. En otro pasaje de la Biblia es Dios mismo, quien se declara como buen terreno y lo dice de esta manera: "Todos los varones deberán presentarse tres veces al año ante el Señor su Dios, en el lugar que él haya escogido, durante las siguientes fiestas: la de los Panes sin levadura, la de las Semanas y la de las Enramadas. Nadie deberá presentarse ante el Señor con las manos vacías." (Deuteronomio 16:16 DHH) Observe la ordenanza de que nadie debía presentarse ante Dios, es decir al templo en los días de las fiestas religiosas, sin llevarle una ofrenda a Él. Recuerde que todo dar es una siembra y darle a Dios es lo mejor que se puede hacer para asegurar una buena cosecha. Jesús dijo que ni aún un vaso de agua que se le diera a uno que creyera en Él, quedaría sin recompensa. Mi consejo es que ayude a todo aquel que pueda, más cuando se refiera o trate sobre las cosas de Dios, haga un esfuerzo extra en sembrar, ya que así usted está asegurando una muy buena y duradera cosecha. Anteriormente le hablé de la viuda que le dio de comer a un profeta de Dios y durante un largo tiempo no le escaseó el alimento a esta mujer y a su hijo, ya que se había asegurado de sembrar en un buen terreno y, mientras a las demás personas les faltaba el alimento y se esforzaban en buscarlo ya que había una gran sequía, esta mujer gozaba de su alimento en casa, pues el milagro de Dios vino a su favor. Pues ella tomaba harina del envase donde la tenía y sacaba y sacaba y está nunca se agotó. Por eso comencé hablándole en este capítulo que una buena cosecha no es tanto por la cantidad de frutos que ésta de, sino por el tiempo que duran los frutos de la misma. Y eso de que los frutos duren en forma extraordinaria solo se logra sembrando en un terreno extraordinario, y ya sabemos que el mejor terreno es el reino de los cielos.

SEMBRANDO PARA LA VIDA ETERNA.

Todas las buenas siembras que hagamos en esta vida, serán cosechadas y disfrutadas en este mundo. Solo hay una sola siembra cuya cosecha puede ser disfrutada después de la muerte. Y esa única cosecha, a la que llamaré cosecha eterna, exige una única semilla, la cual es su vida. La Biblia dice: "El que cree en el Hijo, tiene vida eterna; pero el que no quiere creer en el Hijo, no tendrá esa vida, sino que recibirá el terrible castigo de Dios." (San Juan 3:36 DHH) La siembra para obtener la vida eterna y librarnos de la condenación, reside en entregar nuestra vida a Dios, aceptando al Señor Jesús como nuestro único salvador, reconociendo que hemos pecado y que no podemos por nuestra propia cuenta salvarnos del juicio eterno. Entonces es donde venimos y entregamos nuestra vida a Dios, con todos nuestros errores, fallas, defectos y pecados, para que Él tome control de todo nuestro ser, es decir alma, espíritu y cuerpo, y vivamos de ahora en adelante para agradarlo a Él. El apóstol Pablo llegó a decir en una oportunidad, que ya no vivía él, sino que ahora vivía Cristo en él, y que lo que ahora vivía en su cuerpo lo vivía en la fe de Jesús, quién lo amó y se entregó por él, y que sea ahora que vivamos o que muramos somos del Señor. En otras palabras lo que Pablo estaba diciendo, es que como el sembrador se desprende de la semilla y ya no tiene potestad sobre ella una vez que la ha sembrado, así mismo nosotros una vez que le hemos entregado, (sembrado), nuestra vida a Dios, ya no tenemos potestad de ella sino el Señor. Y al entregar nuestra voluntad a su voluntad, morimos a nuestro yo, y entonces comenzaremos a hacer los designios de Dios durante el resto de nuestra existencia terrenal, y al morir, cosecharemos la vida eterna, la cual consiste en vivir en la presencia de Dios por toda la eternidad con cuerpos incorruptibles de gloria, donde no habrá más llanto ni más tristeza ni más dolor.

¿CUANDO PUEDE SEMBRAR SU VIDA PARA COSECHAR LA VIDA ETERNA?

La Biblia dice: "Por eso, como dice el Espíritu Santo en la Escritura: Si hoy escuchan ustedes lo que Dios dice, no endurezcan su corazón como aquellos que se rebelaron y pusieron a Dios a prueba en el desierto." (Hebreos 3:7, 8 DHH) La respuesta es hoy; mientras esté vivo, es buen momento para sembrar su vida a Dios. No retarde más sembrar su vida para cosechar la eternidad con Dios. Repita está sencilla pero efectiva oración como señal que ahora mismo desea entregar su vida a Dios.

"Señor, Dios Todo Poderoso, hoy vengo ante su presencia en oración reconociendo mis pecados y queriendo entregar mi vida a usted. Acepto al Señor Jesús como el único Salvador de mi vida. Te pido perdón por mis pecados cometidos y acepto su voluntad en mi vida. Que el Espíritu Santo desde hoy dirija mi vida desde ahora y para siempre. Amén."

Si hizo la oración tengo buenas noticias para usted y con estas buenas noticias culmino este libro. Dice la Biblia: "Si con tu boca reconoces a Jesús como Señor, y con tu corazón crees que Dios lo resucitó, alcanzarás la salvación. Pues con el corazón se cree para alcanzar la justicia, y con la boca se reconoce a Jesucristo para alcanzar la salvación. La Escritura dice: «El que confíe en él, no quedará defraudado." (Romanos 10:9-11 DHH)

APÓSTOL
DR. SERGIO CABELLO

Egresado del Instituto Teológico de la Adiel, mención Teología Pastoral. Año 1989. Certificado como coordinador de la fraternidad latinoamericana de estudios teológicos FLET, año 1990. Egresado del Ciem (Centro Internacional de Estudios Ministeriales), con mención especial. Año 2008, Guatemala. Doctor en Teología y Ministerio Pastoral en la Universidad Latinoamericana de Teología, en California, U.S.A. Conferencista Internacional, ha llevado diversos mensajes a varios países como Curazao, Puerto Rico, Ecuador, Costa Rica y varias ciudades de U.S.A. Durante dos años se desempeñó como profesor de Teología Bíblica Pastoral en el Estado Vargas. Venezuela. También ha escrito el Libro Siembra y Cosecha. Ha fundado con la ayuda de Dios la Iglesia Luz del Mundo en Guanarito, estado Portuguesa, Venezuela 1979, Centro Cristiano Zuriel, estado Vargas, Venezuela 1997, Centro Cristiano Zuriel Curacao 2010, Zuriel Internacional Ministerio Apostólico, estado Vargas, Venezuela 2012. Director de la radio online Radiozima.

Siembra y Cosecha

Dr. Sergio Cabello

*Nos sería de mucha bendición
recibir sus comentarios
sobre este libro, por favor envíelos
a la dirección que aparece a continuación.
Paz, Salud y Bendiciones*

fundacionzima@gmail.com

www.zimainternacional.com

*La Importancia
de Nuestros
Pensamientos*

Otro libro de este autor que te recomendamos ampliamente: La importancia de nuestros pensamientos.., Los pensamientos siempre están con la persona. Si una persona se levanta muy temprano, ... a esa misma hora se levantan sus pensamientos y, durante todo el día dichos pensamientos acompañan a esa persona; haciéndola prosperar, superarse, o hundiéndola con ideas de derrotas e imposibilidades. Dr. Sergio Cabello